幼稚園・保育所・施設

実習ワーク

●認定こども園対応　改訂版

小林育子／長島和代／権藤眞織／小櫃智子

Houbunshorin 萌文書林

はじめに <認定こども園対応 改訂版>

　保育者を養成する大学、短大、専門学校では学生の実習を円滑に進めるために、実習指導（事前指導、実習中の巡回指導、事後指導）に多大なエネルギーを費やしています。規定の単位は教育実習事前事後指導1単位、保育実習指導（事前事後指導）2単位ですが、その時間内で実習に必要な指導を完了することは困難なのが現状です。その原因は実習指導内容が、専門的な事項（子どもの安全への配慮、実習テーマ、実習日誌の書き方、指導案の作成など）から、一般的な事項（オリエンテーションの受け方、あいさつ、服装、出・退勤時のマナーなど）まで多岐にわたるからです。

　とくに近年、少子化、核家族化という環境の下で育った保育学生は、身近に子どもとかかわる機会がないので、子どもの興味や遊びを想定しながら、実習への準備態勢を整えることが困難となっています。そのため実習テーマが設定できない、観察の視点が定まらないなどの課題を抱えています。また、学生自身、社会人としての生活体験が乏しいので、職場での適切な言葉づかい、あいさつや指導を受ける姿勢なども実習指導のなかに含めなければなりません。このように実習を機に学生が身につけなければならないことが山積みしているため、とくに事前指導では教員が一方的に多くのことを学生に注入する結果になってしまいます。しかし、本来、実習は自ら経験し、体得するためにあるのですから、教員による注入がかならずしも教育効果を高めるとは思えません。では、これらすべての指導を含めて保育現場で実体験させ、そこで学生自身が気づくという方法は可能でしょうか。残念ですが、保育現場は実習生の手をとり、足をとるような、細やかなかかわりをもてるほど多くの保育者を配置していません。

　また、保育士養成校がふえ、多数の実習生を受け入れなければならない保育現場の実情を考えると、何も身につけない「手ぶら状態」で実習に行くことは、保育現場の負担となり、子どもたちにとっても「魅力ある若者モデル」を提供することができません。これらの諸条件を考えると、実習の準備体制は実習園に依存することなく、養成校の指導内容の充実と、それらを学生自身が確実に身につけていくことが望まれます。実習指導内容を学生自身が反復習熟しながら、着実に実習の準備体制に入れることを意図して本書を作成しました。学生自身の学びに活用され、やがて実習で経験したことが保育者としての巣立ちに役立つことを願っています。

　　令和2年1月

著者代表　小林 育子

本 書 の 使 い 方

　本書は、自分で学ぶことを目的に編集しています。実習場面では、さまざまな行動が求められます。そのすべてを独学で学べるとは思えませんが、実習に出る前の準備として、より具体的に学べるように、内容を構成しています。自分の言葉で、自分で書いて学習することにポイントをおいています。

　保育実践については、幼稚園教育要領や保育所保育指針、幼保連携型認定こども園教育・保育要領、保育や児童福祉の教科書や専門書をはじめ、いくつかのガイドラインがありますが、1つの正しい答えというものがあるわけではありません。その答えは、みなさん自身が見つけるものです。養成校で学んだことや保育現場で子どもたちとのかかわりから経験したこと、育ってきた歴史や出会ってきた大人や保育者から学んだ事柄を土台としてみなさん自身が考えるのです。そのため自分の実践を振り返り、先輩や同僚の実践から学びながら最善のの策を構築していく力も、絶え間ない保育の営みにはとても重要です。わからないことや不安なことがあれば、まわりの保育者に助けてもらうことも大切です。と同時に子どもと一対一で向き合ったときは、その子どもとのかかわりには、みなさん自身が責任を負うのです。実習生でも、子どもたちとのかかわりでは「先生」になるからです。

　現場で実習生なりの責任をもった実習ができるように、自分自身の言葉で考え、判断する姿勢をきちんと身につけましょう。本書は記入式の実践課題で構成されていま

ワークシート……自分で「答」を見つける活動です。多くの情報を整理したり、自分の考えをまとめたり、自身を見つめて文章にします。考察を深め、考えていく活動につながります。
⇒考察力、思考力、学習力のトレーニングを目標としています。

エクササイズ……設問の観点から、少し頭の体操をする感じの活動で、一言、二言思いついたことを、箇条書きでたくさん書き出してみてください。
⇒発想力、考察力、思考の柔軟性、イメージ、独創性、想像性、創造性のトレーニングを目標としています。

チェックシート……学習場面で必要な、具体的な行動目標や理解目標、知識目標の例示に添って、チェックシート形式で自己点検の作業を行います。
⇒自己観察力、自己考察力、理解力のトレーニングを意図しています。

クイズ……学んで得た知識を確認する活動です。実践においても基本的な知識は重要です。知識の定着・獲得を確認しましょう。
⇒基礎教養、基礎知識、専門知識の獲得をめざします。

イメージアップ……具体的かつ現実的な実践事例をあげ、それに基づき自分自身の考えをまとめる活動です。
⇒リアリティーの理解、観察力、考察力、読解力、自分で考える力を養うことを目的にしています。

スタディ……実習生として深く理解すべき内容を自分の力で考え、まとめる活動です。今まで学んできたことを自分自身の意見としてまとめるトレーニングにもなります。
⇒文章力のトレーニングをめざしています。

す。学習活動が単調にならないように次のいくつかのパターンを設けました。

　現行のカリキュラムでは、卒業までに幼稚園、保育所、認定こども園、児童福祉施設での実習を複数回経験します。初めての実習から卒業前のまとめの実習まで、また各実習の初日から最終日まで、学習のプロセスのなかでどんどんみなさん自身を高め、向上させてください。自分で自分の目標や課題を見つけて、学習を深めましょう。

　各節のはじまりには「関連科目」を記してありますので、シートで学習する際には、関連科目のテキストなどを参考にして取り組んでください。

　本書掲載の各シートは、初めての実習でも押さえてほしい基礎的な内容で構成しています。2回目以降の実習やもっと学びを深めたい実習生には、応用編シート「STEP UP」としてまとめて掲載してあります。実習経験に合わせてシートを選択し、学習を深めて実習にのぞみましょう。

　また、これらのシートのなかで、学習内容を指導者や友だちと確認したいシートに関しては、「巻末キリトリシート」として切り離せるよう巻末にまとめてあります。次ページのような「巻末キリトリシート」のマークがある箇所は巻末にシートが掲載されていますので、参照し活用してください。

　巻末には、必要に応じてシートの設問に対する解答および模範例を掲載してありま

す。次ページのような「answer」のマークがあるシートの設問は、自分の答えが合っているか、また自分の考えた課題や保育等は模範例を参照して確認をしてください。本書は自学自習を目的として作成されていますので、解答を見て答えを書いても学習にはつながりません。自分自身の力をつけるためには、間違っても自分の力でシートなどを進めていくこと自体が学習となることを理解しましょう。

　そのほかのマークについては下記一覧を参照してください。

　以上の活動に、前向きに取り組み、自分だけの実習準備ブックを作成してください。そして、自分の言葉で学んだことを現場にもっていき、さらに深く学習を積み上げてください。たくさん学んだ人は、実習でたくさんの発見に出会えると思います。

本書掲載マーク

 各解説項目に関連する教科を掲載しています。各シートを行う際、関連教科のテキストを参考に行ってください。

 各シートの設問に対して解答や模範例を掲載しているマークです。巻末に、解答および模範例がありますので確認してください。

 指導者や友だちと確認できるよう巻末にシートをまとめた箇所です。巻末からシートを切り取り、学習してください。

 2回目以降の実習やもっと学びを深めたいときに挑戦してほしい内容やシートを巻末にまとめています。このマークがある項目は、巻末に「STEP UP」として課題等がありますので、挑戦してみてください。

 参考になる事項などをコラムとして紹介しています。

 設問や本文の参考になるヒントです。　　 追加や補足の内容です。

も く じ

PART 1 実習前に学んでおきたいこと

PART 2　実習中に学んでおきたいこと

※　PART 2はすべて巻末キリトリシートに掲載されています。 （担当：権藤）

■　実習段階ごとの自己評価チェックシート ....(P.169-171) 巻末キリトリシート

■　保育者とのかかわり方と身だしなみ・マナーチェックシート.(P.172) 巻末キリトリシート

■　実習中の疲労解消チェックシート ....(P.173-174) 巻末キリトリシート

PART 3　実習後に学んでおきたいこと

1．実習後の園とのかかわり ....(担当：権藤) 122

(1) 実習園への感謝 ....122 クイズ エクササイズ スタディ

(2) 実習後の事務手続きと実習日誌の提出 128

2．実習後の振り返りとまとめ ....(担当：権藤) 133 STEP UP

(1) 実習を振り返る 133

(2) 実習で学んだ子どもの姿について 135

(3) 実習で学んだ保育者の仕事について ....136 エクササイズ チェックシート

(4) 実習日誌から実習を振り返る ....140 巻末キリトリシート → (P.175-176)

(5) 実習全体を振り返り整理する 142

STEP UP　── 2回目以降の実習の前に ──

STEP UP　実習生と子どもとのかかわり ── 子どもの発達から ── 146

STEP UP　子育て支援について 148

STEP UP　生活に関する技術について 152

STEP UP　指導計画の立て方 156

STEP UP　実習課題の立て方 158

STEP UP　実習後の振り返りとまとめについて 159

巻末キリトリシート 161

幼稚園・保育所実習指導案（p.163）／実習指導案（p.164）／実習課題のまとめ：初期（p.165）／実習課題のまとめ：2回目以降（p.166）／実習園について（p.167〜168）／PART2　実習中に学んでおきたいこと（p.169〜174）／実習のまとめについて（p.175〜176）

【解答と模範例】 177
● 実習の事前事後学習に 参考にしてほしい書籍 186
● 参考文献一覧 188

序 章　実習に備えて

1．実習がはじまるまでの事務手続き

　実習がスタートするまでには、見学実習や保育所、児童福祉施設、幼稚園、認定こども園の保育者による講演会など事前の学習のほか、さまざまな事務手続きや書類の整備が必要となります。その多くは養成校の教職員が担っていますが、実習生自身がしなければならないことも少なくありません。実習担当教員の指示をよく聞き、掲示を注意深く見るよう心がけましょう。わからないことは友だち同士で適当に判断するのではなく、実習担当の教職員から正確な情報を得るようにしましょう。たとえば、実習園に提出する健康診断書、細菌検査証明書、個人票など、これまで、経験したことのない書類整備も、実習生自身でしなければなりません。書類不備のために実習が受けられなくなることもあるのです。

　実習がはじまるまでに必要な事務手続きや書類について知っておきましょう。

　事務的な手続きは意外に面倒なものです。これまでの学生生活では体験する機会の少なかった個人票や報

＜図表１＞　実習開始に関する事務手続・仕事

養 成 校	学 生（実習生）
次年度の実習の依頼 ● 園への受け入れ伺い ● 実習時期と受け入れ人数の確認	**実習希望園について教員と相談** ● 養成校より配属の場合 ● 実習園を自己開拓する場合
実習関係書類の作成・指導 ● 実習配当カードの作成 ● 個人票の作成	**実習関係書類の作成** ● 実習配当カード ● 個人票
実習の正式依頼 ● 配当学生の個人票 ● 実習内容と方法を添付	**実習園を自己開拓の場合** ● 内諾書を養成校に提出
実習配当表の作成	**配属園の決定** ● 実習園の資料を調べる ● オリエンテーションの日程を伺う
実習に必要な書類の説明 ● 健康診断書 ● 細菌検査証明書	**健康診断等の受診** ● 健康診断、細菌検査の受診 ● 診断後、証明書の準備
実習に必要な書類の配布等 ● 実習日誌、出勤簿、自己評価表配布 ● 実習園に評価表発送	**実習直前準備** ● 実習園のオリエンテーションを受ける ● 報告書および実習園の地図作成・提出 ● 実習に必要な書類、物品の整理（健康診断書、細菌検査証明書、印鑑、エプロン、上靴など）
実習開始	

告書などの書類を作成しなければなりません。また、実習園への事前訪問では改まった電話のかけ方や言葉づかい、マナーなども気にかけなければなりません。とくに健康診断書、細菌検査証明書は保育実習に不可欠です。児童福祉法に定められた規定ですから、この書類を整備し実習園に提出しなければ、保育所や施設で実習することはできません。授業は受け身ですが、これらの事務手続きは学生自身が積極的に行動しなければなりません。しかもこれらの書類には有効期限があるので、実習開始日にあわせて検査日程を調整しましょう。

２．実習事前事後指導

　実習単位の取得には保育実習は２単位、教育実習は１単位の事前・事後指導がそれぞれ課されていますから、実習に行く前の指導、実習終了後の指導をどの養成校も実施しています。実習指導、実習総論などの名称がつけられているほか、各実習指導を独立させている場合と、保育・教育をあわせて、それぞれの実習の独自性を含めながらも総合的に指導している場合があります。子ども理解に関してはすべてに共通であるほか、保育所実習は教育実習と共通するところが多い（３歳以上児の教育内容は共に５領域）こと、幼稚園教諭免許と保育士資格の両方を同時取得するのが一般的な趨勢である（幼保連携型認定こども園の保育教諭は幼稚園教諭免許と保育士資格の併用が原則）ことなどから、保育実習事前・事後指導、教育実習事前・事後指導をあわせて２単位として指導することもあります。実習事前・事後指導の例をあげてみましょう（図表２）。

＜図表２＞　実習指導シラバス例　（２年次保育実習の場合）

授業の目的：実習への期待と自信を身につける。実習終了後は次の実習への課題を明確化する。

[授業の内容と各回のテーマ、内容、授業方法]

前期	後期
・実習総合オリエンテーション	・保育所実習の反省会
・保育に役立つ手づくり教材の研究	・実習園評価と学生の自己評価の比較検討
・学生自身が作成した保育教材の発表	・実習お礼状の書き方
・保育所実習園配当発表	・施設保育士の役割
・保育所実習園での事前指導の受け方	・現場からのメッセージ（児童養護施設）
・実習のマナー、態度、服装など	・現場からのメッセージ（乳児院）
・保育所保育内容の検討	・実習日誌による事後指導
・実習日誌の書き方、説明と演習	・施設実習の事前学習　施設種別
・現場からのメッセージ（保育所）	・施設実習の課題設定　施設種別に検討
・実習生の１日　ビデオ視聴	・施設実習園でのオリエンテーションの受け方
・実習課題〜発達を知る〜	・施設実習日誌の書き方と演習
・部分実習に役立つ保育実技（ピアノ）	・宿泊施設での生活とマナー
・部分実習に役立つ保育実技（手遊び、ゲーム等）	・ハウスキーピング（環境整備）の実際
・実習園オリエンテーションの受け方	・施設実習報告会　反省と課題
・実習園オリエンテーションの報告	・実習課題の達成度と自己評価

3．実習は総合的な科目

　実習は、これまでに学習した教科の活用または応用であり、実習体験はさらに今後、学習を要する課題を明確化していくものです。たとえば、主として1年次に修得した基礎科目は学生の視野を広げ、文章力を養うなど学習の土台をつくってくれているはずです。さらに専門科目（教育原理、保育原理、児童家庭福祉、カリキュラム論など）の履修では教育や保育の基本的な考え方、つまり理論を学ぶほか、保育内容・方法の授業では、幼児とかかわる際のコミュニケーションの手段として、さまざまな保育の技術（音楽表現、造形表現、身体表現、言語表現、乳児保育、障害児保育など）を学びました。さらに、子どもの生命維持に必要な保健や栄養に関する考え方や方法も学びました。

　実習ではそれらすべての学習が保育の場のなかで実証されていくのです。実習は1回で終わることはありませんから、回を重ねるごとに、自分の不十分なところ、わからないこと、もっと知りたいことなどが明確になり、次の実習に備える「課題」が意識されてきます。それらの課題を解決していくという目的意識をもって、養成校に戻り、さらなる学習を積み重ねていきます。養成校の授業はそれぞれ教科として独立していますが、実習場面ではそれらが統合して経験されていきます。このように実習はこれまでに学習したすべての教科の確認と統合、さらなる学習課題の設定につながる総合的な教科目ということができます。したがって実習に備える学習は事前指導だけではありません。これまでに学んだ教科の学習内容を十分に反復習熟しておきましょう。音楽表現、造形表現などの基礎技能はもとより、保育原理、乳児保育、障害児保育、保育内容5領域、子どもの保健、社会的養護内容などは実習に直結する教科です。

　しかし、それらをすべて実習指導で再構成することはできませんから、過去に学習した教科とその内容は実習に備えて学生自身で復習しておきましょう。本書の解説でも既存の教科で学習したものは説明を省略しています。また、基本的には、子どもとかかわるうえで必要な科目を一通り学んでから、実習が計画されるとよいのですが、現実はそうはいきません。とくに多くの2年制度の養成校では学内学習と実習を連動させることは困難です。まだ学習していないうちに乳児のおむつ交換を経験したり、部分実習の細案を作成しなければならなかったりする例はよくあります。養成校の実習指導担当者はこうした事態を予想して、事前指導のなかで、未修得の分野を特別講習するなどの努力をしている場合が少なくありません。しかし、養成校に頼るだけでなく、先輩や資料収集など情報を得て対策を立てる積極性も必要です。

PART 1

実習前に
学んでおきたいこと

① 実習とは

（1）実習の意義と目的

保育者の資格を取得するには大学・短大・専門学校（以下、養成校という）での学内学習のほかに、保育現場の職務内容を学生自身が体験学習する学外「実習」の履修が義務づけられています。保育者の免許・資格としては、幼稚園教諭と保育士の2種類があり、多くの養成校で両方の免許・資格を取得できるようになっています。ここでは、幼稚園教諭の免許を得るための教育実習と保育士の資格（保育所およびその他の児童福祉施設に勤務できる）を得るための保育実習の2種類について説明しておきましょう（なお、幼保連携型認定こども園の職員である保育教諭は、幼稚園教諭免許と保育士資格を併有していることが原則となります）。

① 幼稚園教諭1種および2種免許を取得する場合

1週間を1単位として、幼稚園もしくは認定こども園の教育実習最低5単位（事前事後指導1単位を含む）を履修しなければなりません※。

② 保育士資格を取得する場合

必修として保育実習6単位（保育所もしくは認定こども園での実習2単位、保育所もしくは認定こども園以外の児童福祉施設実習2単位、事前事後指導2単位を含む）を履修した上で、次のいずれかの実習を選択必修しなければなりません※。

保育実習Ⅱ　保育所もしくは認定こども園での実習3単位（実習指導1単位含む）※。

保育実習Ⅲ　保育所もしくは認定こども園以外の児童福祉施設か規定の社会福祉施設3単位（実習指導1単位含む）。

実習の単位の認定は最終的には学生の所属する養成校が行いますが、直接、指導にあたった実習園の評価は大きくかかわってきます。「欠勤が多い」「子どもとかかわれない」「指導を受け入れる姿勢がない」「態度・マナーが著しく悪い」などのトラブルは子どもの保育にあたる適性が問題になり、免許・資格の取得に重大な影響を及ぼします。保育学生にとって「実習」はこのように大きく重い学習分野なのです。

以上のように「実習」は免許・資格を取得するために履修しなければならない必修科目ではありますが、制度で定められているから学ぶのではなく、子どもや保育者の実態

※認定こども園では、幼保連携型は教育実習と保育実習、幼稚園型は教育実習、保育所型は保育実習を行うことができます（認定こども園の類型は26ページ参照）。本書では認定こども園の教育実習は幼稚園の項目、保育実習は保育所の項目を参照してください。

を体験することによって、これまで教室で学んだ内容がより具体的に、より生き生きと内在化できるようになる貴重な学習でもあるのです。その学習内容は2つに大別できるように思われます。

　1つは社会人、職業人としての体験学習です。家族や友人仲間とのかかわりでは、日常、「学生だから……」と大目に見てくれていることが多いはずですが、実習中はそのような特別扱いはないのです。子どもたちにとっては実習生も大人の1人、めずらしい存在に興味をもって親しんでくるだけでなく、さびしかったり、気に入らないことがあったり、体の具合が悪かったりする場合にも実習生を頼ってくることがあります。また、実習中に地震、火災などの災害が起これば、その場に居合わせた実習生が、子どもたちを避難させなければなりません。子どもたちだけでなく、保護者も「子どもを護る保育者」の役割を期待しています。そこでは自立した社会人として行動する責任が生じてきます。実習中は「子どもたちが頼れる大人」としての自覚をもって行動しましょう。

　社会人・職業人としての学習は、まず、十分な余裕をもって出勤し、職員、子ども、保護者にあいさつすることからはじまります。実習中の仕事は実習園の指示に従いますが、指示を受身で待つのではなく、職員が忙しそうなときには、今、自分がどのように行動することが望ましいかを考え、「○○○○をお手伝いしましょうか」というような細やかな配慮も必要です。

　今1つはこれまでに学習した理論や技術の検証と習熟です。たとえば、子どもの移動運動、日常の生活動作（衣服の着脱、排泄、食事など）、言葉、対人関係などの発達状況は発達心理学（保育の心理学）、乳児保育、保育内容などの教科を実習前に学習していても、子どもの発達の具体的なイメージはわかなかったと思います。実習に行って子どもに触れることで、それらの発達が実感をもって理解できるようになるのです。また、乳児のケアは教室で学んだことが、実践にそのまま活用できるとは限りません。たとえば、乳児保育演習では、大多数の養成校が人形を用いて授乳やおむつ交換の方法を学生に伝えています。しかし、実習で出会う現実の乳児には動きがあり、子どもの動きに合わせながら、ずれないように、おむつを当てる、タイミングよく食事の介助をするなどのスキルが必要です。それらは実習でしか体得できない貴重な学習です。

　さらに、保育実技に関しては、よりいっそう、実習で学ぶことが多いのです。音楽を例にすると、子どもに背を向けないで弾く工夫などは養成校で学習しているときには気づかなかったことかもしれません。また、子どもの前で紙芝居を演じる際も、子どもに見える位置の設定や間のとり方など、同年代の学生仲間で演じたときには想定しなかった課題に気づくのです。このように養成校では学習できないスキルを実習で身につけることができるのです。

EXERCISE
エクサ
サイズ

1 次の文で正しいものに○、間違っているものに×を（　　）
内に入れましょう。

1 answer P.177

（　　）	a	幼稚園教諭の資格を取得するには、保育実習を履修しなければならない。
（　　）	b	幼稚園教諭の資格を取得するには、実習指導を含む5単位の実習が必要である。
（　　）	c	保育実習Ⅱと保育実習Ⅲは選択必修であるからどちらかをとればよい。
（　　）	d	保育士の資格を取得するには幼稚園での実習が必要である。
（　　）	e	保育士の資格があれば幼稚園教諭にも保育所保育士にもなれる。
（　　）	f	保育所以外の児童福祉施設保育士になるには施設での実習だけを履修すればよい。
（　　）	g	保育実習Ⅲを選択履修した者は保育所に勤務できない。
（　　）	h	教育実習は小学校以上の学校教員になるための実習である。
（　　）	i	実習の事前・事後指導の単位は実習に行けば、履修していなくても問題はない。
（　　）	j	実習は通常の授業と同様、3分の2以上、出席していればよい。

➡ 問題を解いたら、友だちと交換して正解を相談してみましょう。

2 実習への期待をあげてみました。次のうちから3つ選んで○をつけ、そのうちもっとも
該当するものに◎をつけましょう。

（　　）	a	子どもたちと過ごす生活は楽しく、新鮮だろう。
（　　）	b	子どもたちに「先生」と呼ばれたい。
（　　）	c	子どもたちと遊びたい。
（　　）	d	得意な実技を子どもたちの前でやってみたい。
		（得意な実技をあげてみましょう　　　　　　　　　　　　　　　　　）
（　　）	e	毎日、保育者になった気分を楽しみたい。
（　　）	f	現場の保育者の方の保育をよく見て、覚えたい。
（　　）	g	子どもたちとたくさん話したい。
（　　）	h	やさしいお兄さん、お姉さんといわれたい。
（　　）	i	元気で明るい実習生といわれたい。
（　　）	j	できるだけ多くの子どもたちに声をかけたい。

➡ チェックをしたら、友だちや指導者と話し合ってみましょう。

3 実習への不安、緊張もあるでしょう。次のうちから3つ選んで○をつけ、そのうちもっ
とも該当するものに◎をつけましょう。

（　　）	a	実習は朝、早いようだが、遅刻しないだろうか。
（　　）	b	実習期間中、健康で過ごせるだろうか。
（　　）	c	保育者の方とうまくやっていけるだろうか。
（　　）	d	子どもたちへの自己紹介がうまくできるだろうか。
（　　）	e	実習園でよくうたう歌や体操などを覚えられるだろうか。
（　　）	f	子どもたちが親しんでくれるだろうか。
（　　）	g	給食に嫌いなものが出ても、残さず食べられるだろうか
（　　）	h	ピアノを上手に弾けるだろうか。
（　　）	i	手遊びや折り紙など、保育技術の練習は十分だろうか。
（　　）	j	掃除や片づけをきちんと行えるだろうか。

➡ チェックをしたら、友だちや指導者と話し合い、不安などは解決するようにしましょう。

（2）　実習の形態と方法

①　実習の形態

　週1回程度で1年または半年など長期にわたって継続して実習する形態と、週単位で短期に集中して実施する形態と2通りあります。また、この両方を取り入れて実施している養成校もあります。長期の場合は子どもの発達やそれに応じた保育内容を見ることができますが、特定の曜日の活動に限定される欠点はあります。これに比べて週単位の場合は毎日通勤するので子どもたちと親しみやすく、週の初めと終わりの子どもの様子を知ることができますが、発達を実感することはできないでしょう。

②　実習の方法

A　見学実習

　文字通り、見て学ぶことをいいます。はじめての場所や初心者で状況がよくわからないときには、子どもや保育のなかに入らず、外側から様子を見、大まかな把握をします。実習オリエンテーションを受けに実習園を訪問した際は、実習の手順や内容などの打ち合わせ終了後、園内を見学させていただくと、園の雰囲気や保育の様子がよくわかります。保育者の言葉づかい、服装、履物、髪型などもよく見てくると、実習中の生活の参考になります。

B　観察実習

　実習開始2日ぐらいは1日の生活の流れや子どもと保育者の行動を見ていることが多いでしょう。これを観察実習といいます。見学実習と違うのは、問題意識があり「○○○○をみよう。」「どうなっているのかな。」「先生はどうするのかな。」など視点が明確で、深く見ようとしていることです。実習初期は観察が多くなりますが、それ以外の時期でも1人の子どもの行動の意味を知ろうとか、子どものけんかの際の保育者の言動を見ようとか、テーマをもって観察することが必要となります。その際、記録をとることが多いのですが、記録に専念する姿は保育現場で好まれてはいません。「子どもたちは何を書かれているのかに興味をもち、保育の流れが停滞または中断する」というのが主たる理由です。たしかに私たちが園児の立場だと仮定すれば、じっと見つめられ、メモをとられると「何を書かれているのか」と気になることでしょう。観察の場合、十分に気をつけたいことです。

C　参加実習

　子どもや保育者の活動に加わり、いっしょに行動することです。実習3日目ぐらいからは様子もわかり、保育場面だけでなく園の生活全般にわたって参加できるようになるでしょう。とくに子どもは、いっしょにかかわると親しみがわき、観察時には見

えなかった心情を見せてくれることが多いものです。子どもに限らずほとんどすべての人間関係は、いっしょに行動することから生まれます。実習中は見学者にならず、園生活の参加者になるよう心がけましょう。いっしょに遊びながら観察する、保育者の仕事を手伝いながら、保育者の言動を模倣してみるなど、慣れないときにはむずかしいかもしれませんが、実習を重ねるごとにできるようになるものです。

D　責任実習

責任実習には、部分実習と全日実習（１日）があります。

部分実習とは保育のなかのある一部分の責任をもって実施することです。たとえば、紙芝居をする、手遊びをする、絵本を読んで聞かせるなど、短いシーンを受けもつのです。実習初期の学生や、あるいは全日実習の前に部分実習を何回か行って、自信をつけるために機会を与えてくださることがあります。

指導してくださる保育者に「部分実習をしてみますか」と声をかけられたら、機会を与えてくださることに感謝して積極的に引き受けましょう。そのような場合に備えて、自分の得意なものをもっているよう心がけておきましょう。突然、演じることはむずかしいですから、紙芝居、絵本、手遊び、手品など実習前によく練習しておくとよいですね。「チャンスがあれば部分実習をしてみたいのですが、いかがでしょう」とお願いしてみるのも、積極的な実習態度と評価されるかもしれません。ただし、申し出るからには、練習をしておくことはいうまでもありません。

全日実習は教育実習では担任実習とも呼ばれています。担任に代わって１日の保育を登園から降園まで実施することです。当然、日案が必要です。２年次以降の教育実習で実施するようになると思いますが、次の要領で進めましょう。

・全日実習の日程はあらかじめ担任と相談する。
・参加実習をしながらクラスの子どもたちの興味、発達状況を把握する。
・クラスの月案、週案をよく読み、中心となる活動（主活動）については保育の流れに沿うようなプログラムをいくつか考える。
・主活動のテーマについて担任と相談し、内容に適した場所や教材の有無を確認する。
・日案作成、主活動については細案作成（内容によっては晴天用、雨天用を用意）。担任の指導を受ける。

保育実習の場合、保育所でも施設でも全日実習はないのが通例です。保育時間が長いため、生活プログラムも多く、実習生に委ねられないからです。３歳以上児クラスでは半日ずつ、たとえば朝の登園から昼の給食までと、午睡終了から降園準備までの２つに分けて経験できるよう配慮している園が多いようです。２歳児は部分実習、０〜１歳児クラスでは責任実習はありません。

1 継続型実習のメリットを箇条書きしてみましょう。

1
answer
P.177

2 短期集中型実習のメリットを箇条書きにしてみましょう。

2
answer
P.177

3 自分の所属している養成校の実習形態と実習日数を保育所・幼稚園・施設ごとにそれぞれメモしてみましょう。

3
answer
P.177

4 見学実習でよく見てくることを箇条書きにしてみましょう。

answer P.177

5 観察実習に望む姿勢・気をつけることを箇条書きにしてみましょう。

answer P.177

6 参加実習とは何でしょう。その際気をつけることを箇条書きにしてみましょう。

answer P.177

7 責任実習の進め方について箇条書きにしてみましょう。

answer P.178

2. 実習生とは

（1）実習生の心得

　実習は保育者を養成するカリキュラムのなかで、必修科目として位置づけられており、免許、資格の取得と直接的にかかわっています。他の教科と大きく異なる点は「実地に行って修得してくる」こと、つまり、学外の保育施設（幼稚園、保育所、施設）へ一定期間通って、そこで学んでくることです。もちろん、指導に当たるのは保育・福祉現場の先生方で、日ごろ慣れ親しんでいる養成校の先生ではありません。現場の先生方は「将来、自分たちの後継者になる人」としてみなさんの実習指導を引き受けています。児童福祉施設によっては、将来、施設保育士になる希望の学生以外は実習を引き受けないというところもあります。一方、指導を受ける側は、保育・福祉現場での学びに希望や期待をもってのぞむ意欲的な実習生もいれば、免許や資格を取るための手段としてとりあえず行こうという気楽な態度の実習生もいます。最近は保育者を育成する養成校がふえ、入れ替わり立ち替わり実習生がきているのが実習現場の現状です。日々、子どもを保育する仕事に加えて、実習生一人ひとりに合わせてアドバイスをし、実習日誌を読んでコメントを書き、責任実習の細案作成の指導までしていくことは大変労力を要する仕事です。現状では、実習生を指導する専任の教員や保育士が実習園に常駐するシステムはありません。また、養成校の先生が実習中、保育現場にいて直接、学生を指導するという体制もありません。ですから、実習生の指導はもっぱら「後輩を育てる」という保育者の熱意や使命感に支えられているのです。実習生はこのような現状を十分に理解し、感謝の気持ちをもって実習にのぞまなければならないのです。どんなに忙しくても時間を割いて指導したくなる実習生もいるのです。それは実習に強い関心をもち、日々、子どもたちや保育者から新たな発見をし、豊かな感動を体験している実習生です。そのような学生は日を追うごとに自己課題を見出し、子どもたちにも親しまれています。「卒業したらうちの園に採用したい」「うちでは欠員がないが、知り合いの園に紹介したい」など、意欲ある実習が就職につながる例は少なくありません。

　保育・教育・福祉など人にかかわる職種には守秘義務が課されています。保育士を含む社会福祉事業従事者には倫理綱領があり、職務上、知り得た情報は外部には決して漏らしてはならないと規定しています。実習生であってもこの規定を厳守する責任

があります。家族や友人にも園で知ったことを口外しないよう気をつけましょう。

（2）実習生としてのマナー

マナーとは堅苦しい言い方をすると礼儀・作法のことです。対人関係の仕事をする場では、人と対するときの礼儀作法が仕事の成否を決めることがあるため、大変重視されています。とくに幼い子どもに接する保育の場では、大人が子どもたちの生活行動を学習するモデルですから、礼儀・作法を軽率に考えてはなりません。マナーの第一歩はあいさつからです。

①　あいさつ

実習生から先に明るく、はっきりとあいさつをしましょう。日本では朝、昼、夕のあいさつ言葉は違います。「おはようございます」、「こんにちは」、「こんばんは」を使い分け、時刻に適したあいさつをしましょう。自分が出勤したときは何時であっても「おはようございます」とあいさつをして、常識がないと評価された実習生もいます。

②　服装・髪型・化粧・履物など

いわゆるファッションです。度を超した茶髪、とくに金髪は保育者だけでなく、保護者からも敬遠されます。青いコンタクト、つけまつげ、濃い化粧、ミュールなどの履物も実習には適しません。濃い化粧は自然な表情を伝えにくくしますし、ヒールの高い履物、かかとを踏んだ靴は子どもの緊急時の対応に適さないので厳禁です。肌を露出した服装も厳禁ですが、ジャージならよいというわけでもありません。服装については園によって特色がありますので、実習の事前訪問時に保育者の服装をよく見て同じような雰囲気、色合いにしておくと無難です。子どもの情操教育の効果を考えて、保育者の服装を規定しているところもあります。とくに幼稚園にその傾向は強いように思われます。

概して保育現場は普遍的、一般的なファッションを好む傾向が強いのですが、それは後述する「子どもへの教育的配慮」によるもので、保育職を選ぶ限り、この伝統的な文化を受け入れる心構えは必要です。また、アクセサリーは子どもを傷つけ、自分もケガをすることがありますから、実習中はいっさい身につけないようにしましょう。

③　言葉づかい

・若者言葉（超○○○、やばい、マジなど）を使わない。
・目上の方には敬語を使う（立場を認め、尊重している意が伝わる）。
・子どもの名前を呼び捨てにしない（園の教職員が親しみを込めて呼び捨てにしている場合は、実習生の呼び方を相談する）。
・子どもたちへの自己紹介はわかりやすく、子どもにわかる言葉で伝える。

実習生の心得とマナーに関して○・×で答えてみましょう。

answer
P.178

設　問	○ ・ ×
1. 園内で知り得た子どもや保護者の情報は実習が終了しても、家族や友人に話してはならない。	
2. 保育者や保護者にあいさつをするとき、その日はじめて顔を合わす場合は何時であっても「おはようございます」のほうがよい。	
3. 実習中の服装は、保育者がどのような服装をしていても、動きやすいジャージのほうがよい。	
4. 派手な色でなければ、カラーコンタクトはきれいなので、茶色やグレーならば使用してもよい。	
5. 実習中の髪型は、きちんとまとめるなどして、保育のじゃまにならず、清潔感のある髪型を工夫しなければならない。	
6. 実習園の保育者が子どもを呼び捨てにして呼んでいる場合は、実習生も親しみをこめれば、呼び捨てにして呼んでよい。	
7. 日ごろから若者言葉の使用は控え、目上の人には正しい敬語で話をするように心がけることはよいことである。	
8. 実習中、保育時間などの妨げにならなければ、アルバイトを行っても問題はない。	
9. 実習中、スマートフォンや携帯電話の通話は控えなければならないが、メールであれば迷惑にならないので使用しても構わない。	
10. エプロンなどに名札をつける際、園の指示に従ったうえで問題がないようなら、安全面を考え、安全ピンでとめるより、縫いつけたほうがよい。	
11. マニキュアは品のよい淡いピンクやベージュなどの色であれば、子どもたちも喜ぶのでつけていても構わない。	
12. アクセサリーは、危険のないと思われるものでも、実習中は身につけてはいけない。	
13. 実習園までの交通手段は、一番早く通勤できる行き方のほかに、念のため違う行き方を調べておくとよい。	
14. 人に何かを頼まれた際は、日ごろから、復唱し確認するように心がけていると聞き忘れなどがなくなる。	
15. 時間がなく、コンビニ弁当を持参する場合は、弁当箱に詰め替えて持参する。	
16. はしを正しくもつことができなくても、はしを使うことができれば問題はない。	

3. 幼稚園・保育所・認定こども園・施設の理解

関連科目 教育原理 保育原理 教育課程論 保育の計画と評価 社会的養護Ⅰ 社会的養護内容Ⅱ

（1）幼稚園とは

　幼稚園は幼児の教育をするところで、学校教育法で規定された基準に基づいて運営されています。主管は文部科学省ですが、義務教育ではありません。

　多くの子どもは乳児期を家庭で、母親と密着した関係のなかで過ごしますが、歩行が自立し言葉を使えるようになると（およそ2歳ころ）、外界への関心が高まり、大人とのかかわり以外に子ども仲間に強い関心を示すようになります。きょうだいの多い時代には、子どもは母親から兄、姉へと関心を移し、きょうだいの言動を模倣しながら遊びや生活のわざを覚えていきました。また、きょうだいの友だちを通して子ども仲間の交流もふえていきました。親子の縦のつながりから、きょうだい・子ども仲間の横のつながりへと発展していくのは子どもの自然な発達の姿であり、そのなかで「社会性」を身につけていくのです。どんなに親に愛されていても、家庭以外の育ちの場が子どもには必要です。その場が幼稚園なのです。

　幼稚園は幼児の社会性の発達に適した環境です。遊びのための広い庭があり、家庭にはない大型の遊具、運動遊具、大きな砂場もあります。そして何よりも多くの子ども仲間がいます。入園初期には大きな子ども集団に戸惑い、孤立したり、けんかしたりしながらも、保育者に助けられながら遊びを通して子ども同士のつながりができていきます。きょうだいのいない子どもは幼稚園にきて、はじめてけんかを体験できるかもしれません。けんかは社会性獲得の大切な機会です。子どものけんかをどのように見守るかは幼稚園教育の重要な課題でもあります。年長児になれば多くの子どもはけんかを通して協力・協調することができるようになり、「人間」の社会生活の基盤ができていきます。また、教育的配慮のある環境の下で、遊びを通して生活に必要な道具（はさみ、のり、紙など）の使い方、着脱衣、整頓などの生活行動の自立、体やリズム、描画などで自分を表現することができるようになっていきます。このように遊びを通して就学に向かうレディネスが培われていきます。とくに、近年の少子化社会では幼児教育への期待が高まっています。

　幼稚園の制度、組織、幼稚園教育要領などは、養成校のカリキュラムにある保育原理、教育原理、教育課程総論などの教科で学習しています。授業で学んだことを復習しておきましょう。

幼稚園の生活について、次のクイズに挑戦してみましょう。 answer P.178

幼稚園教育要領およびその解説などには、幼稚園の生活について述べられています。どのように述べられているのでしょうか？　語群から、適切な語を選び書き入れましょう。

1．幼稚園は、満（　　　　）歳から（　　　　　）までの幼児が集団生活を送る場である。

2．幼稚園の1日の教育時間は、（　　　　　　）時間を標準とする。

3．幼児期には、幼児は家庭において親しい人間関係を軸にして営まれていた生活からより広い世界に目を向け始め、（　　　　）、（　　　　）、（　　　　　）などが急激に広がり、依存から自立に向かう。

4．幼稚園生活は、幼児にとって、家庭や地域での生活と相互に（　　　　）するような密接な関連をもつ。

5．幼児の生活は、食事、衣服の着脱や片付けなどのような（　　　　）にかかわる部分と、（　　　　）を中心とする部分に分けられる。

6．幼稚園の生活には、次のような特徴がある。

　　① 同年代の幼児との（　　　　）を営む場であること

　　② 幼児を理解し、適切な（　　　　）を行う教師と共に生活する場であること

　　③ 適切な（　　　　）があること

7．幼児期にふさわしい生活とは、次のような生活である。

　　① 教師との（　　　　）に支えられた生活

　　② 興味や関心に基づいた（　　　　）な体験が得られる生活

　　③（　　　　）と十分にかかわって展開する生活

8．幼稚園は文部科学省が管轄する（　　　　）であるが、義務教育ではない。

9．幼稚園も子育て支援の役割を担い、（　　　　）に応じたり、その（　　　　）を開放し、地域における幼児期の教育のセンターとしての役割を期待されている。

10．幼稚園の毎学年の教育週数は（　　　　）を下ってはならない。

語群	3　4　5　8　39週　45週　休日保育　施設や機能　集団生活 直接的　就学前　教師　学校　遊び　具体的　生活の場　生活習慣 環境　活動　他者との関係　友達　信頼関係　援助　自然　循環 夜間保育　興味や関心　相談

 幼稚園教育要領解説（フレーベル館）を読んでみましょう。

 子育て支援については、巻末の「STEP UP」（P.148～151）に解説等が掲載されていますので、参照してください。

（2）保育所とは

①　保育所の役割と機能

　保育所は、乳幼児を保育する児童福祉の施設です。児童福祉法第39条では「保育所は、保育を必要とする乳児・幼児を日々保護者の下から通わせて保育を行うことを目的とする施設とする」と記されています。ここでいう保育を必要とするとは、①父母の労働、②親の病気、③介護の必要な家族がいる、④母の妊娠・出産、⑤災害復興の必要がある、⑥就職活動、⑦その他の状況にある場合をさします。

　また、乳児または幼児とは、０歳から就学前の児童をさします。保育を必要とする状況が生じた場合は、保育所または福祉事務所に必要な書類を提出し保育を必要とする状況が認められると保育所を利用することができます。保育時間は法律では８時間となっていますが、都市部では多くの保育所が11時間以上の開所となっています。実習先の開所時間を知り、実習では早出、遅番などの経験もさせてもらいましょう。

②　保育所の職員

　保育所の職員については児童福祉施設の設備及び運営に関する基準では、保育士、調理員、嘱託医を置くこととなっていますが、実際には、園長、副園長、主任保育士、看護師、栄養士、事務員、用務員、その他、さまざまな職種の職員がいるかもしれません。どのような職種の職員がどのような仕事をしているのか、なぜそのような職種の人を配置しているのか、また職種間の連携はどうなっているのか等について勉強してきましょう。１人の保育士が保育できる子どもの人数は国の基準では０歳児３人まで、１、２歳児６人まで、３歳児20人まで、４、５歳児30人までと決められています。これを越える乳幼児を１人の保育士が見ることはできません。実習先の保育士の配置状況も知りましょう。

③　保育所の特性

　保育所も幼稚園も幼児の保育をするという点では同じですが、開所(園)時間や保育者の配置基準、入所の要件や年齢等が異なるほか、管轄官庁（保育所は、厚生労働省）や根拠法（保育所は児童福祉法）が異なりますのでよく勉強していきましょう。

　保育所における保育の内容に関する事項およびこれに関連する運営に関する事項を法的に定めたものに保育所保育指針があります。具体的内容としては、総則において保育所保育に関する基本原則・養護に関する基本的事項・保育の計画及び評価・幼児教育を行う施設として共有すべき事項などを示した後、保育の内容・健康及び安全・子育て支援・職員の資質向上の５項目について示されています。

　実習生も全文をよく読み、理解しておくことが必要となります。

クイズ QUIZ

保育所に関することを復習してみましょう。

HINT 保育原理、教育原理、保育の計画と評価等の教科書や参考書を参照しましょう。 answer P.178

---

1. 最低基準で決められている保育士1人につき担当できる子どもの人数を書きましょう。

0歳児（　　　）名　　　1歳児（　　　）名　　　2歳児（　　　）名

3歳児（　　　）名　　　4歳児（　　　）名　　　5歳児（　　　）名

---

2. 正しいと思うものに○をつけましょう。

① 保育所の根拠法は何ですか

a 社会福祉法　b 教育基本法　c 児童福祉法　d 児童虐待防止法　e 母子及び父子並びに寡婦福祉法

② 法律で示されている保育所の目的をあげなさい

a 母親支援　b 子どもの教育　c 子どもの養護　d 保育を必要とする乳児・幼児の保育　e 虐待の防止

③ 保育所の年齢対象は何歳ですか

a 3歳から6歳　　b 1歳から5歳　　c 0歳から5歳　　d 0歳から就学前　　e 3歳から就学前

④ 保育所の基準となる保育時間は何時間ですか

a 4時間　　b 6時間　　c 8時間　　d 11時間　　e 14時間

---

3. （　　　）内にあてはまる語句を下記の語群より選んで記入しましょう。

① （　　）法〔根拠法〕では第（　　）条で、保育所は、保育を必要とする（　　）・（　　）を日々保護者の（
　　）通わせて、保育を行うことを目的とする施設とする。保育所は、前項の規定にかかわらず、特に必要
　があるときは、保育を必要とする（　　）を日々保護者の（　　）通わせて保育することができる。

② 保育所の行政上の所轄は（　　　）省である。

③ 保育所の入所要件は、両親の共働き、（　　）の病気、介護が必要な家族がいる、災害復興の必要がある、
　（　　）、求職活動中、その他である。

④ 入所対象年齢は、一般的に（　　）歳〜（　　）までである。

⑤ 保育所保育指針では総則・保育の（　　）・健康及び（　　）・（　　）支援・職員の（　　）について
　示されている。

⑥ 基本の保育時間は一日（　　）時間である。都市部では（　　）保育が行われ11時間保育が一般的である。

⑦ 入所は、保育所又は（　　）に必要な書類を提出し保育を（　　）とする状況が認められると保育所を
　利用することができる。

語群	a 0　　b 11時間　　c 児童福祉　　d 親　　e 必要　　f 就学前　　g 乳児
	h 資質向上　　i 幼児　　j 39　　k 厚生労働　　l 8　　m 子育て　　n 延長
	o 下から　　p 福祉事務所　　q 安全　　r 内容　　s その他の児童　　t 母親の妊娠、出産

（3）認定こども園とは

① 認定こども園の目的と機能

　認定こども園とは、幼稚園と保育所の機能をあわせもった就学前の子どものための施設です。近年の社会構造などの著しい変化を背景に、就学前の子どもの教育・保育のニーズが多様化していることをふまえ、幼児教育（＝幼稚園）、児童福祉（＝保育所）の枠組みを超えて、教育・保育に加えて子育て支援の総合的な提供を推進するため、2006年に「就学前の子どもに関する教育、保育等の総合的な提供の推進に関する法律」が成立し、同年10月に認定こども園が創設されました。

　認定こども園は、保護者の就労の有無によらず利用が可能で、①幼児教育と保育を提供する機能と、すべての子育て家庭を対象にして、②子育て不安に対応した相談活動や親子の集いの場の提供などの子育て支援を行う機能があります。

② 認定こども園の類型

　認定こども園には、以下の表に示すとおり4つの類型があり、地域や保護者のニーズに応じて選択が可能となっています。

＜図表3＞　認定こども園の4類型

類型	法的性格	設置主体	職員の要件
幼保連携型	**学校 ＋ 児童福祉施設** 幼稚園・保育所、両方の機能をあわせもつ単一の施設としてのこども園	国、自治体、学校法人、社会福祉法人	保育教諭 ＊幼稚園教諭と保育士資格の併有
幼稚園型	**学校** 認可幼稚園が、保育が必要な子どものための保育時間を確保するなど、保育所の機能を備えているこども園	国、自治体、学校法人	満3歳以上は両免許・資格の併有が望ましい（いずれかでも可）
保育所型	**児童福祉施設** 認可保育所が、保育が必要な子ども以外の子どもも受け入れるなど、幼稚園の機能を備えているこども園	制限なし	満3歳未満は保育士資格が必要 満3歳以上は両免許・資格の併有が望ましい（いずれかでも可） ※ただし、教育相当時間以外の保育に従事する場合は、保育士資格が必要
地方裁量型	**幼稚園・保育所いずれの認可もない** 地域の教育・保育施設が幼稚園と保育所の両方の機能を備えているこども園	制限なし	満3歳未満は保育士資格が必要 満3歳以上は両免許・資格の併有が望ましい（いずれかでも可）

③ 認定こども園の教育・保育内容の基準

　認定こども園の教育・保育は、幼稚園型は「幼稚園教育要領」、保育所型は「保育所保育指針」に基づくことが前提となりますが、幼保連携型は「幼保連携型認定こども園教育・保育要領（以下、教育・保育要領）」に基づいて実施されます。これらは、その内容に整合性が図られ就労前の子どもが同じ経験をして小学校に進めるよう配慮されています。教育・保育要領には、認定こども園としてとくに配慮すべき事項を考慮した記載がなされています。認定こども園で実習を実施する際は教育・保育要領の全文をよく読み、復習しておくことが必要です。

クイズ

 認定こども園に関することを確認しましょう。

answer
P.178

---

1. 幼保連携型認定こども園の職員の配置基準を確認しましょう。以下の（　　）内に保育教諭１人につき、担当できる子どもの人数を書きましょう。

0歳児：おおむね（　　　　　）人　　　　1・2歳児：おおむね（　　　　　）人

3歳児：おおむね（　　　　　）人　　　　4・5歳児：おおむね（　　　　　）人

---

2. 幼保連携型認定こども園における教育および保育を行う期間ならびに時間を確認しましょう。以下の（　　）内に適切な数字を書きましょう。

① 毎学年の教育週数は、特別の事情のある場合を除き、（　　　　　）週を下ってはならない。

② 教育課程に係る一日の教育時間は（　　　　　）時間を標準とし、園児の心身の発達の程度、季節等に適切に配慮すること。

③ 保育を必要とする子どもに該当する園児に対する教育及び保育の時間は、一日につき（　　　　　）時間を原則とすること。

---

3. 幼保連携型認定こども園での生活について確認しましょう。下の語群の中から適切な語を選び書き入れましょう。

① 幼保連携型認定こども園に入園することのできる者は、満（a.　　　　　）歳以上の子ども及び満（b.　　　　　）歳未満の（c.　　　　　）を必要とする子どもである。

② 幼保連携型認定こども園の教育及び保育は、（d.　　　　　）が行う。

③ 幼保連携型認定こども園は、（e.　　　　　）歳から小学校就学前までの（f.　　　　　）教育及び保育を園児の発達や学びの（g.　　　　　）を考慮して展開することが大切である。

④ 幼保連携型認定こども園は、（h.　　　　　）が異なる多様な園児がいることを踏まえ、園児の生活が安定するよう、家庭や地域、幼保連携型認定こども園における生活の連続性を確保するとともに、一日の（i.　　　　　）を整えるよう工夫をすることが大切である。

⑤ 満3歳以上の園児については、（j.　　　　　）とともに、満3歳未満の園児を含む（k.　　　　　）を、園児の発達の状況にも配慮しつつ適切に組み合わせて設定するなどの工夫をすること。

語群	0	1	2	3	4	5	教師	保育教諭	在園時間
	活動内容		内容	共通した		義務	連続性	一貫した	生活リズム
	年齢		学級による集団活動		一人一人に応じた個別の活動			異年齢の園児による活動	
	保育						*同じ語を何度使ってもかまいません		

HINT 「幼保連携型認定こども園の学級の編制、職員、設備及び運営に関する基準」
「就学前の子どもに関する教育、保育等の総合的な提供の推進に関する法律」（認定こども園法）
「幼保連携型認定こども園教育・保育要領」を読んでみましょう。

（4）施設とは

　多くの子どもは、生まれた家庭で家族とともに生活、成長していきますが、家庭で養育できない事情が生じたときには、社会が養育していきます（児童福祉法第2条に規定）。社会が養育するということは、児童福祉法に定められた児童福祉施設で専門職に保護・養育されることです。これを社会的養護といいます。幼稚園や保育所では「保育」という用語を使いますが、施設では「養護」といい、その内容は「養護内容」といいます。この用語の違いを確認して施設実習にのぞみましょう。

　保育実習Ⅰの施設実習対象園は、乳児院、児童養護施設、母子生活支援施設、障害児入所施設（医療型・福祉型）、児童発達支援センター（医療型・福祉型〈通園施設〉）、児童自立支援施設、知的障害者更生施設などです。また、保育実習Ⅲ（選択必修）の対象園は保育実習Ⅰの施設に児童厚生施設（おもに児童館）、児童発達支援センターが追加されています。

①　養育環境に問題があり、保護を必要とする児童のための施設

　乳児院、児童養護施設、母子生活支援施設などがあり、家庭に代わる養護を主目的としていますから入所（居住）型施設です。近年は被虐待児の入所が増加し、養護技術もむずかしくなっていますが、温かい人間関係を築き、将来の自立に向けて生活スキルを身につける支援が望まれます。とくに保育士の業務として、ハウスキーピング（掃除、洗濯、その他の生活環境整備）も重要な仕事です。児童養護施設、母子生活支援施設では学齢児は平日の日中は学校へ通っていますから、その時間帯（10時ころから14時ころ）に職員は休憩します。この勤務形態を断続勤務といいます。

②　障がいがあり、適切な治療・教育を必要とする児童のための施設

　障害児入所施設（医療型・福祉型）、児童発達支援センター（医療型・福祉型）がこの分類に入ります。障がいが重く特別なケアを必要とする、合併症があって家庭養育が困難、などの児童が、障がいに応じた適切な治療・教育を受けながら、可能な限りハンディキャップを克服し、よりよい社会生活を送れるよう、ノーマライゼーションを基盤に支援していく施設です。入所と通園の2形態があり、障がいの程度だけでなく、家庭養育の困難度によってどちらかが選択されていますが、通園施設は就学前の幼児が多いようです。療育を兼ねながら生活面の自立訓練を根気よく実践しています。

③　非行、自閉傾向など情緒面のケアを要する児童のための施設

　児童自立支援施設です。この施設には保育士ではなく、児童自立支援専門員、児童生活支援員と呼ばれる専門職がいます。児童福祉施設については児童家庭福祉、社会的養護、社会的養護内容などの教科で、すでに学習したことを復習しておきましょう。

 施設に関することを復習してみましょう。次の文のうち、正しいものに○、間違っているものに×をつけましょう。

answer P.178

設　問	○ ・ ×
1．助産施設は児童福祉施設である。	
2．乳児院は生後1年までの乳児を養育する施設である。	
3．知的障がいのある児童は入所施設で養護する。	
4．母子生活支援施設には母子家庭の親子が入所している。	
5．肢体不自由児は移動が不自由なので、通園施設の対象ではない。	
6．すべての児童福祉施設に医療スタッフ（医師または看護師）がいる。	
7．すべての児童福祉施設に保育士がいる。	
8．社会的養護とは社会全体が児童の安全を見守ることである。	
9．児童福祉施設の児童ケアの内容は保育内容とはいわず、養護内容という。	
10．児童福祉施設入所児で学齢期の児童は地域の学校にも通学している。	
11．幼稚園教諭の免許でも児童福祉施設に勤務できる。	
12．児童養護施設には虐待を受けた児童の入所がふえている。	
13．知的障害児施設には18歳を超えても入所している者が多い。	
14．医療型障害児入所施設は医療法による病院でもある。	
15．保育所は児童福祉施設ではない。	

 HINT 子ども家庭福祉、社会的養護Ⅰ、社会的養護Ⅱ等の教科書や参考書を参照しましょう。

4. 保育者に望まれる資質

関連科目 保育者論 子育て支援 子ども家庭支援論 社会的養護Ⅱ

（1）子どもの心を支える保育者

　乳幼児は大人に全面的に依存して生活・生存していますから、身近な大人との親しい関係がとても大切です。親しい特定の人との愛着（アタッチメント）は子どもの心を安定させ、愛され、認められていることを確信し、自己の存在に自信をもっていきます。子どもの成長にはこのような人的拠点が必要なのです。多くの乳幼児は家庭で母親を人的拠点として育ちますが、保育所、乳児院、幼稚園などで過ごす場合には、これまでの人的拠点に加えて新しい大人との信頼関係を築かなければ、安定した生活を続けることができません。また、学齢期の子どもが施設に入所する場合も住み慣れた環境や人的拠点（客観的に見れば不適切な環境であっても）が変わるという不安をもっています。保育者はこのような子どもたちを温かく迎え入れて、信頼関係を築くよう努め、子どもの心の支えとならなければなりません。子どもが保育者に慣れ親しんでくるのを待つのではなく、保育者から子どもに寄り添い、微妙な表情や動作から一人ひとりの子どもの個性や特徴を把握するよう務めましょう。家族と離れても自分を温かく見守ってくれる保育者がいることを確信できれば、保育者と子どもの間に愛着関係（アタッチメント）が形成されます。保育者に愛され信頼された子どもは自分の存在に自信をもちます。自信をもった子どもは保育者を安全基地として探索活動や、友だちとの遊びに積極的に参加できるようになります。幼い子どもほど保育者への依存と自立を行き来しますから、時折、保育者の存在を確認するため、あるいは友だちとのトラブルの助けを求めて戻ってきたりします。子どものSOSにはやさしく対応しましょう。保育者と子どもの情緒的な深いかかわり（信頼関係）は保育や養護の基盤であり、そのような関係を築くことが、保育者にもっとも望まれる資質です。「子どもが好き」からはじまり、「子どもの行動や想いに共感し、ありのままに受け入れる」「善悪の価値観で子どもを判断しない」などの積み重ねが、子どもとの信頼関係を築く具体的な指標となります。

　子どもの情緒の発達や保育者と子どもの関係は養成校の多くの教科で学習するようになっています。発達心理学（保育の心理学）、乳幼児心理学、保育原理、保育内容総論、保育内容「人間関係」、乳児保育、社会的養護内容などを復習（予習）しましょう。また、子どもとの信頼関係の樹立に関しては、上記科目のほか、カウンセリング、相談援助などの演習があります。

あなたの子どもや保育者に対する考えや思いをまとめてみましょう。

1．あなたが好きなタイプの子どもはどのような子どもですか？

2．あなたが苦手なタイプの子どもはどのような子どもですか？

3．幼いころ、幼稚園または保育所での担任の先生をあなたはどう思っていましたか？

4．あなたの子ども時代にもっとも信頼し、親しんでいたのはだれですか、その理由は？

➡ まとめたら、友だちと交換して話し合ってみましょう。

**次のような保育場面で、実習生であるあなたはどのように対応しますか？
あなたの考える対応を書いてみましょう。**

2
answer
P.178

1．子どもがあなたに密着して離れません。ほかの子どもも待っています。どうしますか？

2．あなたをけったり、悪い言葉を言ってきたりする子どもがいます。どうしますか？

➡ まとめたら、友だちと交換して話し合ってみましょう。

（2）生活文化を伝達する保育者

それぞれの国には独自の文化があり、大人の意図的な教育やしつけによって、また、大人が意図しなくても子ども自身が環境から学ぶこと（主として模倣）によって、それぞれの国の生活習慣や文化が伝承されていきます。保育・教育・養護の場では園生活のすべてが文化の伝達であるといっても過言ではありません。

文化といえば、年中行事、わらべ歌、太鼓、伝承遊び、日本昔話など日本独自の文化活動を考えるでしょう。それらは実際に保育者が意図的・計画的に保育内容に取り入れていますし、それはそれで大切なことです。しかし、ここでは主として保育者が意図的・無意図的に子どもに伝えている生活文化のことを考えてみましょう。

子どもが生活のなかで獲得する文化でもっとも重要なものは「言葉」です。0歳からの喃語に始まり、1歳半ころから子どもは急速に言葉を覚え、幼児期後期には生活に必要な言葉のほとんどを獲得しています。それらはすべて生活環境から子ども自身で模倣し、学んだものです。マスコミや学校教育で標準語が伝えられている今日でさえ、言葉の文化圏に応じて方言やイントネーションまでが確実に伝承されていくのは、生活環境の教育力の強さを示すものと考えられます。保育者は言葉の獲得に重要な乳幼児期に、子どもと言葉を交わす存在です。保育所の乳児保育、延長保育、幼稚園の3歳児入園、預かり保育など少子化に伴って家庭よりも保育施設で生活する時間のふえた今、日本語の伝達者としての保育者の役割は重大です。日常的に使っている若者言葉は流行語であって次世代にまで伝承されていく文化ではありませんから、実習中から「日本語」を話すこと、書くことを心がけましょう。

食事についても考えてみましょう。保育現場では楽しんで食べる雰囲気を大切にしながらも、食事のマナーやはしの使い方を身につける場になっています。実習生ははしが正しく使えるでしょうか。食事のマナーは身についているでしょうか。

施設実習ではさらに、掃除、洗濯物の干し方、たたみ方、整理・整頓などハウスキーピングと呼ばれる生活技能が必要となります。幼い子どもの場合は保育者が行い、学齢以上の子どもには保育者が生活技能のノウハウを指導します。施設では子どもの自立しなければならない時期が早い（18歳）ので、身のまわりのことは子ども自身でできるよう援助しています。したがって実習生にもハウスキーピングの技能が要求されています。少子化、核家族化の今日、家事にかかわらない学生がふえていますが、専門職をめざす保育学生はハウスキーピングの技能を身につけましょう。

 CHECK SHEET
チェック
シート

 あなたの日常生活技術について、できているものには、□のなかに
チェック ☑ を入れましょう。

はしを正しく使えますか。	□
食前の手洗いをしていますか。	□
食前後のあいさつは習慣になっていますか。	□
自分の部屋の掃除をしていますか。	□
自分の洗濯物を洗って、干して、片づけていますか。	□
あなたの室内は整頓されていますか。	□
日常の生活に必要な程度の料理はできますか。	□
敬語はＴＰＯに応じて使えますか。	□
友だちとそれ以外の人とでは話し言葉を意識して変えていますか。	□
紐やリボンは結べますか。	□
雑巾はしぼれますか。	□
布団はたためますか。	□
掃除機以外の掃除用具（ほうき、はたきなど）を使えますか。	□
洗濯機・乾燥機は使うことができますか。	□
正しい歯の磨き方ができますか。	□
脱いだ靴は整頓していますか。	□
食べ終わった食器類は片づけていますか。	□
ごみの処理はできていますか。	□

実習生と子ども とのかかわり

 関連科目

発達心理　社会的養護Ⅰ
教育心理　社会的養護Ⅱ
乳児保育　障害児保育

 STEP UP
p.144-147

　保育実習・教育実習では直接、子どもたちと毎日かかわりながら生活をします。子どもと実際に接し、いっしょに遊んだりすることはみなさんにとっても貴重な体験となることでしょう。この貴重な体験をより有意義なものにするためには、子どもとかかわるときの視点をしっかりと押さえて実習にのぞむことが大切です。

（1）子どもとのかかわりについて

　子どもとかかわるということはどのようなことでしょう。保育者にとって、子どもとのかかわりとは、いっしょに遊んだり、生活をしていく保育場面のすべてと考えてよいでしょう。しかし一口に「いっしょに遊ぶ」ということだけをみても、一対一で何かをいっしょにして遊ぶのか、大勢の子どものなかに混ざっていっしょに遊ぶのかということだけでもいろいろなかかわり方が考えられます。また、ほかにも、「先生、見て」と言ってくる子どもの遊びを見守ってあげるということも、子どもの遊びを通してのかかわりの一つといえるでしょう。

　保育者は、このようにいろいろな場面で、さまざまな子どもたちとクラス全体にまんべんなくかかわっていきます。そのときどきに応じて、1人の子どもと遊びながら、全体に目を配りかかわる場合もありますし、子どもの活動には入らず、外から見守り、必要に応じて、援助を行う場合もあります。その判断は、その前後の子どもたちの遊びや生活の流れ、子どもの発達や成長によって、適切に、しかも瞬時に行わなければなりません。そのためには、日常の子どもたち一人ひとりの生活の様子、発達がしっかりと押さえられていなければならないのです。

　実習生の場合、ある程度の決まった期間の保育に入り、子どもとかかわるわけですから、担任の保育者のような適切な対応はなかなかできるものではありません。しかし、子どもは実習生も担任の保育者も同じ「先生」として接してきます。子どもが頼ってきたりかかわってきたときに、どうしてよいかまったくわからず立ち往生してしまうというわけにはいきません。実習前には、基本的な子どもの発達について確認し、実習中は保育者の動きをしっかりと観察し、質問があれば保育者の妨げにならないよう配慮しながらたずねることで、子ども理解につながり、子どもたちとのかかわりをスムーズにもつことができるでしょう。

　また、子どもたちにとって、ふだん見慣れない実習生のお姉さんお兄さんは、「先生、先生」と子どもたちのほうから積極的にかかわってくる場合が多くあります。そのよ

うなとき、かかわりやすい子どももいれば、かかわりにくい苦手な子どももいるでしょう。子ども側からかかわってきてくれる子どもとばかり遊んでしまったり、子どもとのかかわり方に偏りがでてしまうケースをよく見ます。実習生であっても、子どもとの接し方に偏りがですぎてしまってはいけません。知らず知らずに特定の子どもとばかりかかわりをもってしまうことも、経験の少ない実習生にはよくあることです。自分自身はどのようなタイプの子どもと接しやすいか、また接しにくいかを知り、苦手に思う子どもにもなるべく話しかけたり、かかわりをもつよう意識しましょう。話しかけてくる子どもばかりとかかわることのないよう、積極的に話しかけてくれないおとなしい子どもにも自分から声をかけるように心がけましょう。

（2）遊び場面での子どもとのかかわりについて

　保育の中心は遊びの場面です。とくに、実習生は子どもとの遊びの場面にかかわることが多いでしょう。その際とくに気をつけなければならない点は次のとおりです。

　まず1つめは、しっかりと子どもの遊びを観察することです。とくに実習のはじめは、子どもたちの名前を覚えるのはもちろんですが、どの子どもたちがどのような遊びを楽しんでいるのか、どこで遊んでいるのかなど、しっかりと把握しておきたいものです。子どもたちといっしょに遊ぶことも実習経験としては大切ですが、子どもたち全体の動きを初期段階でとらえたいものです。

　2つめは、たくさんの子どもたちとかかわるということです。先にも述べましたが、特定の子どもとばかりかかわることのないよう、多くの子どもたちとかかわれるよう心がけましょう。いろいろな子どもたちとかかわるために、途中で遊びを中断したり、抜けたりしなければなりません。そのようなときは、遊びの流れのタイミングを考えたり、「○○ちゃんと遊んでくるね」など、声をかけるようにしましょう。

　3つめは、自分自身が主導となり遊びを進めてはいけません。子どもたちは子どもたちなりに考え、遊びを進め楽しんでいるものです。遊びが止まっているように見えても、実際は考えているかもしれません。子どもたちの遊びの流れを無理に自分の思う方向にもっていってしまわないように気をつけましょう。また、遊びが続かなかったり、何をしたらよいかわからない子どもには、指示をするのではなく、ちょっとしたアイデアを与えるような言葉かけをしてあげるとよいでしょう。また、子どもが何かを達成したときなど「よくできたね」など声をかけることを心がけましょう。

　最後に、もっとも大切なことは、安全についてです。子どもは危険なところや危ない遊びが大好きです。危険をともなう鉄棒やジャングルジムで遊んでいる子どもなどは、目を離さないよう気をつけましょう。また、危険と感じた場合は、遊びを止めることも必要になります。

（3）発達からみる子どもとのかかわりについて

　乳児期はもちろんのこと、子どもの発達の変化は激しく、個人差がとてもあります。子どもとかかわる際に、これらの基本的な発達特性を知り実習にのぞまないと、あやまったかかわり方をしてしまうことにつながります。たとえば実習生の場合、乳児を全面的に任せられることなどはありませんが、それでも乳児に関する知識は必要です。また、各施設には、さまざまな障がいを抱えている子どももいますし、保育所や幼稚園以上の子どもたちや思春期を迎える年齢の人も入所しています。乳児保育や発達心理学（保育の心理学）、障害児保育等の各科目で詳細は学びますが、実習前には、再度それぞれの特徴について、きちんと理解しておきましょう。また当然のことですが、発達を理解した上で、一人ひとりの個人差を考慮したかかわり方を心がけましょう。

①　乳児について

　乳児とは、児童福祉法の第4条に「満1歳に満たない者」と定められていますが、保育所では0歳から3歳未満児をさしています。近年、0歳児保育のニーズが高まり、0歳を受け入れている保育所も多くなりました。核家族化や地域社会の少子化現象もともない、実際に乳児と接したことのない学生も多いのではないでしょうか。先にも述べましたが、安全面、衛生面から考えて実習生が乳児の責任実習はしませんが、部分実習や参加実習はあります。乳児とかかわるという経験だけでもとても貴重な実習経験です。保育者の乳児に対する生活の援助、安全面への配慮、衛生面への留意事項など、しっかりと観察したいものです。乳児は、1日24時間単位の生活サイクルで動いています。睡眠、栄養（授乳等）、排泄が1日の生活の中心で、そのため0歳児はとくに環境の影響を大きく受けます。乳児にとって保育者は母親と同等の存在であり、保育環境は家庭と同じです。抵抗力のない乳児は、感染症はもちろんのこと、清潔面にも十分に配慮しなければなりません。自分で自分の身を守ることのできない乳児に対しては、安全に気をつけることはもっとも大切なことです。実習では、デイリープログラムを見せてもらい、乳児の1日の流れを知り、0歳児では、保育者がどのような生活の援助をしているのか、具体的にどのようなことについて気をつけているのかしっかり観察しましょう。また、乳児は月齢で発達も大きく異なりますので、それぞれの月齢に応じた保育者のかかわり方について学びましょう。

②　幼児について

　一般的に幼児とは3歳から5歳まで（小学校就学前まで）をさします。言葉の発達から見ても2歳を越えたころから語彙は急増し、5歳〜6歳のころには、2,000語を越える言葉を話しはじめます。幼児期は自分の欲求を言葉や行動で伝えようとし、友だち

や人とかかわる楽しさを味わいます。そのなかで、思うとおりにできた達成感や思うようにできないもどかしさを体験していく時期です。この時期の子どもたちは、入園の時期また経験によって個人差も多く、一人ひとりに合わせた対応がとても重要です。一人でできることを手伝ってしまったり、自分たちで考え楽しんでいる遊びを中断させてしまっては、子どもたちの達成感や思考の活動を止めてしまうことになります。実習では、子どもたちとたくさんかかわりたい気持ちから、実習生のほうから遊びを提案しすぎてしまったり、必要以上の言葉かけや手助けをしてしまったりしがちですが、子どもたちの1日の生活の様子と保育者のかかわり方をよく観察し、子どもたちにとって、何が必要なのかを実習期間中に少しでも見極めたかかわりができるようになりたいものです。

③　障がいのある子どもについて

　現在、幼稚園や保育所では、健常児と障がい児が共に育ち合う統合保育を行っています。障がい児の受け入れも積極的に行われており、実習生は今まで出会ったことのないような障がいのある子どもに出会うこともあるでしょう。

　障がい児への対応に不安をもつ実習生も多いと思います。人は知らないことやものには得てして不安を感じるものです。理解が不十分であればあるほど、不安感のみが増大し、誤った理解や対応をしてしまいます。実習前には、障がいに対する知識およびそれぞれの障がいに応じた対応についてもきちんと確認し、理解を深めたうえで、実習にのぞむことが重要です。障がいの有無に関係なく、子どもは「かけがいのない人間である」という基本的なことを忘れず、自分にはないさまざまな個性のある子どもたちとのかかわりを積極的に行い、障がい児に対する理解を深めることのできる貴重な経験にしたいものです。

④　思春期の子どもについて

　児童福祉法では、児童とは「満18歳に満たない者」と定義されているように、児童福祉施設には乳児や幼児だけではなく、思春期の児童も多く入所しています。また実際には、18歳以上の人も入所しており、幼稚園や保育所に比べると幅の広い年齢の人たちが生活していることになります。発達心理学（保育の心理学）等の授業で学んだそれぞれの年齢の特徴を実習前には確認しましょう。思春期の子どもたちは、幼児の場合とは異なり、大人からの自立をとくに意識します。実習生に対しても自分から積極的にかかわってくることも少ないでしょう。そのような思春期の子どもたちの発達特性を理解したうえで言葉かけのタイミングなども考えてかかわっていくことが大切です。

COLUMN

さまざまな子どもたちとのかかわり ──こんなとき、どうする？──
「統合保育の現場で！」

　保育所実習5日目、実習生のMさんは今日から4歳児クラスでの実習です。このクラスには自閉症のSちゃんがいます。子どもたちが登園してきて自由に遊びはじめたので、Mさんも子どもたちといっしょに遊ぼうと園庭に出ようとしたとき、担任保育者から「Sちゃんをみてあげてください」と頼まれました。Mさんは「はい」と引き受けたものの、Sちゃんとかかわるのは初めてで、"自閉症児"であることのほか、Sちゃんがどのような子どもなのかまったくわかりません。とりあえずSちゃんの行動に合わせていっしょに行動することにしましたが、Sちゃんに話しかけても何の反応もありません。あまりしつこく話しかけるといやがって逃げてしまいます。クラスでの集まりの時間になったので「Sちゃん、お部屋へ行こう」と声をかけましたが、やはりいやがって逃げてしまいます。保育室では担任保育者が子どもたちを集めて何か話をしています。Mさんは実習生としてどうしたらよいのかわからず、困り果ててしまいました。

【対応のポイント】
① 障がいをもつ子どもを気軽に引き受けない。

　　　Mさんは担任保育者からSちゃんを頼まれたとき、「はい」と気軽に引き受けてしまいました。ご指導いただく先生から頼まれた仕事は何でも学ばせていただく気持ちで快く引き受けることは大切です。しかし、この場合、Sちゃんのことを何も知らないで引き受けてしまうというのは責任ある行動とはいえません。このようなときは、かならず「気をつけることはありますか？」と確認してから引き受けるようにしましょう。

② 障がいのみにとらわれず、その子どもの個性を大切にする。

　　　障がいといってもさまざまな障がいがあります。それぞれの障がいの特徴や留意点などを事前に学習しておくことはとても大切です。しかし、障がいのあるなしにかかわらず、一人ひとり個性をもった子どもです。"自閉症児のSちゃん"ではなく、Sちゃんそのものを理解しようと努め、かかわっていく姿勢が大切です。

③ 子どものペースを大切にする。

　　　障がいをもつ子どもは集団で行動するのが苦手な子どもも多いものです。クラスで活動しているからと無理に誘ったり、参加しないからといってしかったりするのは逆効果です。かといって、放っておくのも適切ではありません。様子を見ながら、無理なくできるところからその子どものペースに合わせてかかわっていくようにしましょう。いやがっているように見えても遠くから活動の様子を眺めていたり、活動が終わったころにやってみたりすることもよくあります。担任保育者にその子どもの特徴やかかわるときに留意している点などをうかがってみるとよいでしょう。

 子どもの発達を確認しましょう。次の文章は保育所保育指針の抜粋文です。空欄に、語群から適切な語を選び書き入れてみましょう。

1
answer
P.178

乳児（0歳児）の発達

視覚、聴覚などの感覚や、（a.　　　　）、（b.　　　　）、（c.　　　　）などの運動機能が著しく発達し、（d.　　　　）の大人との応答的な関わりを通じて、（e.　　　　）な絆が形成されるといった特徴がある。

1歳以上3歳未満児の発達

歩き始めから、（f.　　　　）、（g.　　　　）、（h.　　　　）などへと、基本的な運動機能が次第に発達し、（i.　　　　）の自立のための身体的機能も整うようになる。（j.　　　　）、（k.　　　　）などの指先の機能も発達し、（l.　　　　）、衣類の着脱なども、保育士等の援助の下で（m.　　　　）行うようになる。（n.　　　　）も明瞭になり、（o.　　　　）も増加し、自分の意思や（p.　　　　）を（q.　　　　）で表出できるようになる。

3歳以上児の発達

運動機能の発達により、基本的な（r.　　　　）が一通りできるようになるとともに、基本的な（s.　　　　）もほぼ自立できるようになる。理解する（t.　　　　）数が急激に増加し、（i.　　　　）興味や関心も高まってくる。（v.　　　　）と遊び、（w.　　　　）の中の一人という（x.　　　　）が生じ、（y.　　　　）な遊びや（z.　　　　）な活動も見られるようになる。

語群							
座る	つまむ	走る	歩く	めくる	跳ぶ	歩行	はう
登る	運動	動作	自分で	上手に	特定	親しい	豊か
情緒的	人間的	欲求	身振り	言葉	排泄	食事	生活習慣
学習習慣	語彙	言語	発声	気持ち	自覚	集団的	自発的
主体的	協同的	知的	社会的	仲間	友達		

＊同じ語を何度使ってもかまいません

2 子どもの発達の姿を踏まえたかかわりを考えましょう。次の文章を読み、正しいものに○、間違えているものに×をつけましょう。

2
answer
P.179

設　問	○ ・ ×
１．たとえ子どもの年齢が低くても、保育所では特定の保育士とのかかわりよりも多くの保育士とのかかわりを重視している。	
２．６か月未満児は心身の機能が未熟であることを理解し、家庭との連携を密にしながら、保健・安全に十分、配慮することが必要である。	
３．６か月未満児は「ブーブー」などと声を出すことができるようにはなるが、まだ言葉を話せるわけではないので保育者から言葉をかける必要はない。	
４．６か月ころより感染症にかかりやすくなるので、日常の状態の観察を十分に行い、変化が見られたときは適切に対応する。	
５．２歳ころより自我が芽生え、思いどおりにならないとときには、かんしゃくを起こすこともあるから、そのようなときは厳しくしかることが大切である。	
６．３歳ころより「なぜ」「どうして」の質問が多くなるが、一つ一つの質問に対していねいに子どもにできるだけわかりやすく答えてあげることが大切である。	
７．４歳ころより仲間とのつながりが強まる一方、けんかが多くなるので十分に留意し、けんかが起きたときにはすぐに止める。	
８．たとえ５歳児でもけんかのときは、保育者がかならず仲裁し仲直りさせることが大切である。	

 3 クイズで確認した子どもの発達の姿を踏まえて、子どもとかかわるときの留意点をまとめておきましょう。

3
answer
P.179

１．乳児（０歳〜３歳未満）とかかわるときの留意点を箇条書きにまとめてみましょう。

２．幼児（３〜６歳）とかかわるときの留意点を箇条書きにまとめてみましょう。

6. 保育者や職員とのかかわり

（1）園と実習生という立場の関係

　園と実習生という立場はどうなっているのでしょうか。幼稚園や保育所には本来、実習生を受けるという職務内容は含まれていません。職員ではなく、ボランティアでもない、保育者となるために勉強させていただく立場である実習生にはどのようなことが求められるのでしょうか。以下のことに注意しましょう。

①　実習の場を借りて勉強させていただく立場

　実習では、養成校では学べない事柄をたくさん学びます。たとえば子どもとかかわる、部分・全日実習を行う、保育者の指導を受けるなどたくさんあります。養成校では経験できないことを経験することのできる貴重な場です。しかし、実習生を受け入れる園側からすると子どもは影響を受けるし、実習生の指導、実習日誌の読みとコメント書き、反省会の参加等々、精神的負担、実質的負担がふえます。それでも今、現場にいる保育者たちも同じように育ててもらったことを思い、一生懸命指導してくださいます。みなさんが実習に一生懸命取り組み成長することが何よりのお返しと思ってください。遠慮して消極的になったりせず、感謝の気持ちをもって実習に取り組みましょう。

②　経験者に指導をしていただく立場

　保育者も保育経験を通して力量をつけていきます。多くの達成感や挫折を経験しながら保育者として成長していきます。その経験のなかから大切なことを教えてくださるわけですから、指導を受けたことはかならずみなさんの保育実践に役立つはずです。注意されたからといってふくれたり、反抗的に返答したり、落ち込んだりしないようにしましょう。実習生はどうしても指導してくれる保育者の言葉の調子や表情のみに反応してしまいがちです。相手の状況を考えずに、自分（実習生）の側だけの判断になりがちです。指導者が何を伝えたいのか内容を理解しましょう。保育者によっては実習生を指導するいうことに緊張している人もいるかもしれません。だれでも緊張すると表情や言葉に丸みがなくなります。怖い、いやだと受け取らず感謝して指導を受けましょう。

③　将来、保育者となることを前提に実習をさせていただく立場

　実習生とボランティアの違いは、実習生は将来、保育者として働くことを前提にしていることです。その日々の実習のなかでの指導や実習日誌、実習指導案、観察実習・責任実習等への指導などをしてくださるわけです。後進を育てるという意義のある指導ですので保育者も真剣です。仕事量は増加しますが使命感をもってかかわってくださいます。感謝の気持ちをもって、実習生も保育者をめざしてがんばりましょう。

④　実習生個人での実習ではない

　園に実習をお願いする際、連絡やお願いに行くのが実習生だったとしても、依頼者は「養成校」となります。したがって、実習上の責任はすべて養成校がとることになります。欠席、遅刻、ケガ、事故などは、かならず養成校へ連絡しましょう。また、実習生の不祥事（職員や子ども、親とのトラブル、実習態度不良など）はすべて養成校の指導不行き届きとして養成校の責任となります。隠しておきたい気持ちがあっても、かならず状況を養成校へ報告し、対応や指導をあおぎましょう。また、養成校を代表して実習に出ていることを自覚しましょう。

（2）実習指導の受け方

　実習ではいろいろな問題が生じます。そのなかからおもなものをいくつかあげてみたいと思っています。実習指導を受ける際、参考にしましょう。

　「先生が忙しそうで、いつ質問したらいいかわからない」ときがあります。そのようなときは、保育者の動きをよく見てみましょう。手や体は動かしていますが、耳や頭はあいているときがあります。たとえば、給食後の台布巾を洗っているときや床の掃除をしているときなどです。そのようなときに「質問したいことがあるのですが、あとでお時間をとっていただけませんか」とお願いしてみましょう。「今でもいいですよ」とおっしゃるかもしれませんし、「あとでね」と言われるかもしれませんが、どちらにせよ質問する時間をいただけるチャンスです。

　また、「指導を受ける先生によって指示が異なる」場合はどうしたらよいでしょうか。指示が違うのですから判断してどちらかに決めることになります。A先生のいるところではA先生のいったとおりに、B先生のいるところではB先生のと使い分けることもできるかもしれませんが、2人が同じクラスの担任であったり、2人ともが実習生とかかわることが多いなど、どちらかにしなければならない場合もあります。子どもへの不利益が少ないほうがよいというのが1つの考え方です。もし両方とも子どもへの不利益がないような事柄なら実習担当者、当日のクラスリーダーなど、あなたを指導する立場の人に従いましょう。園長、主任保育者など園の責任者の指導ならそちら

に従いましょう。

　初めての実習などは緊張して、「保育者が怖くて何もいえず、どのようにコミュニケーションをとってよいのかわからない」こともあるでしょう。保育者の方にも個性はありますので、表面上、感情的で威圧的に見える指導者もいらっしゃるでしょう。それとは対称的にとてもやさしく見える先生もいます。当然、実習生はやさしく見える先生のほうが話しやすいですが、一見、怖く見える先生でも実はやさしい部分があったりするものです。できる範囲内で話しかけたり、質問したりしてみると道が開けるかもしれません。

　また、「先生が何も指導してくれません」という相談を実習生から受けたことがあります。実習生を迎え、実は、保育者もとても緊張している場合もあるものです。とくに保育経験年数の少ない保育者は自分の保育に一生懸命で、余裕ももちにくいですし、実習生にチェックされていると感じる保育者もいます。事実、実習生に１日中、ジーッと観察されていることになりますので、観察実習とはいえ、なるべく自然に保育の妨げにならないようそっと見るようにしましょう。また、子どものことを話題に保育者に話しかけてみたりすると、自然にコミュニケーションがとれるのではないでしょうか。こちらが相手の立場に立って、指導を受けるようにすれば、意外と自然にコミュニケーションはとれていくものです。

　また逆に、「緊張して動けない」など、実習生のなかには保育者が自分を見張っているような気がして、積極的に動くことができなかったり、注意されたりするとすっかり固くなり動けなくなってしまったり、相手に迷惑をかけるのではないかと考えて動けなくなったり等々、緊張しやすいタイプの実習生がいます。緊張をしやすい人は、自分のためではなく子どものために何をしたらよいかをまず自分に問いかけてみましょう。自分がどのように思われるか、自分が注意されないようにしよう、自分が相手に迷惑をかけないようにしようと自分を中心に考えているとよけい緊張してしまうものです。子どものために何をしたらいいのか、子どもは今、何をしてほしいのだろうと考えながら動いてみましょう。間違えれば指摘されることもあるでしょう。子どものためには違うほうがよかったのかと素直に考え、また、子どものためにはどうしたらよいのか考えてみましょう。気にかける視点を自分自身の行動から子どもへのかかわりに変えることで、緊張はやわらぐはずです。

　また、積極的に動こうと思っても、「子どものために何をしたら、またどうしていいのかわからない」という実習生がいます。そのようなときは、まず子どもといっしょに遊ぶことです。考える前に、まず遊んで、子どもたちと友だちになりましょう。また、保育者の動きのなかで自分のできそうなことをやらせていただくようお願いして

みるのもよいでしょう。掃除を手伝ったり、おやつや食事の準備を手伝ったりしてみてください。自分が相手のために何かをすることの経験が少なく、家族に何かをしてもらう側にばかり立っていた人は今日から家族のために何かをする側に立ってみてください。まずは家事の手伝いからはじめましょう。保育者は自分以外の人のために働くことができることが基本です。受け身の生活のなかでは積極性は培われません。日々の生活態度がとても大切だということを知りましょう。

（3）職員とのかかわり

① 相手の立場に立って言葉を選ぶ

　ある実習生から、「園長先生に"お暇なときにオリエンテーションを受けにうかがわせてください"とお願いしたら"暇なときはありません"と叱られてしまった」という話を聞きました。言葉の受け取り方は年代によっても異なりますが、この場合は「ご都合のつくお時間」とか「園長先生のよろしいお時間」とかの伝え方のほうがよかったと思います。この実習生は「お暇なとき」の意味は「時間の取れるとき、都合のつくとき」という意味で使ったと思われますが、取り方によっては「暇な時間帯」と聞こえ、とても忙しい園長職のどこに暇な時間があるのかと園長が腹立たしく思ったのがわかります。このようなことのないよう相手の立場に立って言葉を選びましょう。それには経験が大切です。使い慣れるためには日ごろ、異年代の人と話すことが必要です。30代、40代、50代、60代の人と友だちになったり、積極的に話すよう心がけましょう。また、本をたくさん読んで語彙を豊富にすることも大切なことです。多くの言葉を知り、それを使ってみることが敬語を使いこなす近道となるでしょう。

② 園の物品を借りるとき

　また、園の物品を借りるときにはかならず園の人に声をかけましょう。たとえば担任の保育者に折り紙をとってきてくださいと頼まれたとき、折り紙台から黙ってもってきてはいけません。かならず事務所などにいる保育者に事情を説明し許可を受けてください。また、責任実習などで園の物品を借りる必要ができたときには早目にその旨を園側に伝え、了解を得ておきましょう。担当の保育者にことわってあるのでよいと思い込まずにそれを管理している保育者にもかならず許可を得ておきましょう。物品を借りた際などは、破損などをしないように十分に注意しましょう。それでも物品を破損してしまった場合、高額なものなどはたとえ園側が「いいですよ」と言ってもかならず養成校のほうへ連絡をしましょう。保険で支払ってくれる場合もありますし、学生自身が弁償すべきと養成校が判断するときもあります。いずれにせよ、ご迷惑をかけたのですからきちんとした対応をすることが社会人としては必要です。

EXERCISE
エクササイズ

1 下記の敬語表を完成させましょう。

基本形	尊敬語	謙譲語
いる	いらっしゃる　おいでになる	おる（おります）
する	1.（　　　　　　　）	いたす
言う	2.（　　　　　　　）	申す　　申し上げる
行く	いらっしゃる　おいでになる	参る　　うかがう
見る	3.（　　　　　　　）	拝見する
会う	4.（　　　　　　　）	お目にかかる
5.（　　　　　　　）	お思いになる	6.（　　　　　　　）
尋ねる	7.（　　　　　　　）	8.（　　　　　　　）
9.（　　　　　　　）	召し上がる	10.（　　　　　　　）
もらう	11.（　　　　　　　）	いただく　　頂戴する
12.（　　　　　　　）	お与えになる　　くださる	13.（　　　　　　　）
聞く	14.（　　　　　　　）	15.（　　　　　　　）
知る	16.（　　　　　　　）	17.（　　　　　　　）
18.（　　　　　　　）	お話しになる	19.（　　　　　　　）
20.（　　　　　　　）	21.（　　　　　　　）	お書きする
22.（　　　　　　　）	23.（　　　　　　　）	承知しました　　かしこまりました

2 園の物品を借りるときの留意点をあげてみましょう。

 友だちの考えと比べて、さらにいろいろな留意点をあげてみましょう。

園長、担当保育者、保護者と実習生のやりとりです。言葉づかいが正しい場合には○、間違っている場合には×に○をつけ、正しく直しましょう。

1.	○・×	保育者	「部分実習を午前か午後にしてもらいたいのですが、どちらにやりますか」
		実習生	「午後でいいです」
		×の場合	
2.	○・×	園長	「短大の○○先生は、巡回にいつ園にお越しになられるのかしら」
		実習生	「明後日の午後にいらっしゃるとおっしゃっていました」
		×の場合	
3.	○・×	保護者	「ひまわり組の△△先生を探しているのですが、どちらにいらっしゃいますか」
		実習生	「こちらにおりますので、お教えいたします」
		×の場合	
4.	○・×	保育者	「どうしました」
		実習生	「指導案を見てもらいたいんですけど、いいですか」
		×の場合	
5.	○・×	保育者	「お昼の準備かお帰り後の後片づけのお手伝いをしてもらいたいんですけど、いいかしら」
		実習生	「どちらも私にさせていただけないでしょうか」
		×の場合	
6.	○・×	保育者	「ここ間違っていますよ」
		実習生	「すみません、今後、気をつけます」
		×の場合	
7.	○・×	保護者	「○○先生はいらっしゃいますか」
		実習生	「いらっしゃいません」
		×の場合	

7. 子どもの園生活

関連科目　保育原理　保育の計画と評価　保育内容総論　社会的養護Ⅰ　教育課程論　社会的養護Ⅱ

（1）幼稚園の1日　── 幼児を中心に ──

　子どもたちは幼稚園での1日をどのように過ごしているのでしょうか。また、子どもたちが充実した1日を過ごせるように保育者は1日の園生活をどのように組み立てているのでしょうか。

　幼稚園は満3歳から就学前までの幼児が集団生活を送る場です。幼稚園での1日は保育の主体である子どもが無理なく、その発達に応じた生活が送れるように配慮されています。幼児期の子どもたちの発達に合わせた生活とはどのような生活なのでしょうか。また、幼稚園の1日の生活には、発達の著しい幼児期に必要な体験が得られるようにさまざまな活動が考えられ組み込まれています。幼児期に必要な体験が得られる活動にはどのようなものがあり、1日の生活のなかでどのように組み込まれているのでしょうか。実習では、これらのことについて実際に自らも子どもとともに生活しながら具体的に学んでいきます。

　しかし、具体的な園生活の様子は実習で学ぶとしても、幼稚園の1日について基本的な事柄はしっかり理解したうえで実習にのぞみたいものです。初めての実習ではわからないことも多く、戸惑うこともあるでしょう。たとえば、子どもたちが何時ころ登園してくるのか、登園してきた子どもたちが次にどのようなことをするのか……、というように幼稚園での1日の生活に見通しがもてれば、実習生として自分がどのように動けばよいかも見えてきて、戸惑いも少なくなり学びやすくなります。

　もちろん、各幼稚園によってその詳細は異なりますが、基本的な幼稚園の1日の生活について実習前には知っておきたいものです。この後のワークでは、一般的によく見られる幼稚園の1日の生活について3つの事例を示しました。自分で表に整理してみるとよいでしょう。

　限られた実習期間ですから、初日から戸惑うことなく子どもとともに園生活を過ごしたいですね。そのためにも実習に行く前に幼稚園の1日について基本的な事柄をもう一度確認しておきましょう。

幼稚園の1日って？　もう一度、確認しましょう！

　次ページの文章には、さまざまな幼稚園の1日の様子が述べられています。具体的な幼稚園での1日の生活は地域の実態を考慮し、園の教育方針にもとづいて各幼稚園で考えられているのです。次ページの文章を読み、例にならってB幼稚園とC幼稚園の1日についても表を完成してみましょう。

	（例）A幼稚園の場合	B幼稚園の場合	C幼稚園の場合
9:00	○登園（徒歩通園） ・保育者や友だちと朝のあいさつをする。 ○身支度 ・出席ノートにシールをはる ・タオルをかける ・帽子やカバンをロッカーにしまう。		
9:30	○自由な遊び ・身支度をすませた子どもから好きな遊びをする（砂遊びやごっこ遊びなど）。		
11:30	○片づけ		
11:45	○手洗い、排泄 ○昼食準備		
12:00	○弁当 ○昼食片づけ		
12:30	○自由な遊び ・昼食をすませた子どもから好きな遊びをする。		
13:20	○片づけ ○手洗い、排泄		
13:45	○帰りの集まり ・お話、歌、手遊び、ゲーム等 ・あいさつ		
14:00	○降園		

　ここにあげた幼稚園はあくまでも1つの例です。幼稚園の1日はそれぞれの園で少しずつ異なります。また、同じ園でも子どもの実態やその日の予定によって変わってくることもあります。実習では実習園での1日の生活をもっと具体的にしっかりと把握し、そうした生活がどのような考えのもとに計画されているのかを理解することが大切ですね。

＜Ａ幼稚園の１日＞

　Ａ幼稚園の１日は、午前９時、保護者といっしょに登園する子どもたちの「おはようございます」という元気な声からはじまります。Ａ幼稚園では親子でふれあいながら通園する時間を大切にしたいとの考えから、保護者といっしょに徒歩通園することが原則になっています。登園した子どもたちは、自分の保育室に行きかばんや帽子をロッカーにしまったり、出席ノートにシールを貼ったりします。９時半までに登園が完了することになっています。

　朝の身支度をすませると、子どもたちはそれぞれ遊びたい友だちと好きな遊びに取り組みます。子どもたちの興味や関心、発達に合った環境が構成された保育環境のなかで、一人ひとりが自発的にしたい遊びを見つけ、主体的にその遊びに取り組むことを重視しているのです。園庭で砂遊びをする子どももいれば、保育室で友だちとごっこ遊びを楽しむ子どもたちもいます。

　11時半くらいまで自由に遊んだあとは、片づけをして昼食の準備をします。昼食の前には、手洗いや排泄をすませます。Ａ幼稚園では、保護者の手づくりのお弁当を食べることが子どもの成長にとって重要なことと考え、お弁当を食べています。12時前後から食べはじめ、12時半過ぎ、食べ終えた子どもからあいさつと昼食の片づけをすませて、午後も自由な遊びを楽しみます。

　13時20分過ぎより片づけをはじめ、手洗い、排泄をすませて、13時45分ころに帰りの集まりをします。このときは歌をうたったり、手遊びをしたり、絵本や紙芝居を見たり、ゲームをしたりなど、クラス集団で楽しめる活動を行います。また、１日を友だちや保育者といっしょに振り返り、明日への期待がもてるようなひとときを過ごします。そして、14時にはあいさつをして降園となります。

＜Ｂ幼稚園の１日＞

　Ｂ幼稚園は、８時半から園バスか徒歩のどちらかで登園します。園バスは時間をずらしてさまざまなコースをまわっているので、全員がそろうのは10時過ぎになります。Ｂ幼稚園は都心から離れた郊外にあるので、園バスが重要な通園手段になっている家庭も多いのです。登園した子どもはそれぞれかばんと帽子を自分のロッカーにしまい、スモックに着替えます。朝の身支度をすませると、全員がそろうまで園庭で自由に遊びます（雨のときは保育室で遊びます）。

　10時10分になると、片づけの放送が流れて片づけがはじまります。10時20分には園全体で毎日体操を行い、その後クラスに分かれて朝の会が行われます。朝の会では、出席調べや朝の歌、あいさつをします。朝の会の後は引き続き、クラスで一斉活動を行います。製作活動や運動活動などその日決められた活動をクラスで楽しむのです。

　11時45分過ぎころには片づけ、手洗い、排泄をすませ、給食の準備がはじまります。準備がすむと、絵本や紙芝居などを楽しんでから給食を食べます。12時40分ころには給食を終え、動植物の世話などグループごとに決められた当番活動を行います。その後、スモックからブレザーに着替えるなど、帰りの身支度を整え、13時20分には帰りの会がはじまります。帰りの会では、歌やリズム遊びを楽しみ、その後おやつを食べます。14時過ぎから順次バスの時間にしたがい降園しますが、一番最後に出るバスは15時になるのでそれまで園庭で遊びながらバスを待ちます。

＜Ｃ幼稚園の１日＞

　Ｃ幼稚園は、子ども一人ひとりが好きな遊びにのびのびと取り組むこと、クラス集団で活動を楽しむこと、どちらも重視しており１日の生活にはその両方が盛り込まれています。

　登園時刻は８時半から９時まで、保護者といっしょに徒歩で登園してきます。降園時刻は14時半、やはり保護者と徒歩で降園しますが、この時保護者と保育者とのかかわりが積極的にもたれ、家庭との連携を重視しています。

　登園してきた子どもは、それぞれ連絡帳を指定の場所に出す、タオルをかける、かばん・帽子をしまう、などの朝の身支度をすませます。その後、それぞれが遊びたい友だちと好きな遊びを楽しみます。10時50分ころになると片づけがはじまり、11時には朝の会（あいさつ、出席調べ、歌）があり、引き続き、造形遊びや運動遊びなど、クラスでの活動を行います。

　11時45分ころには、片づけ・排泄・手洗いをし、昼食がはじまります。昼食は曜日によってお弁当か給食が決められています。どちらの利点も取り入れているのです。12時30分過ぎには昼食を終え、その後子どもたちは自由な遊びを楽しみます。14時ころには片づけをし、14時10分には帰りの会（絵本・紙芝居・手遊び・歌など、あいさつ）をして降園となります。

さまざまな実習園

　みなさんがこれから行く実習園は実にさまざまです。幼稚園であっても保育所であっても、それぞれ保育方針も違えば、保育内容や方法、園生活の様子も異なります。養成校が実習先を配属する場合、実習でどのような幼稚園、保育所、施設に行くかはわかりません。もしかすると、自分が理想とする保育方針とは違った園で実習するということもあるのです。そんなとき"つらい"とか"勉強にならない"などと感じる実習生も多いようですが、こんなふうに感じてしまってはせっかくの実習が何の学びもないままに終ってしまうことになるでしょう。しかし、みなさんの考え方ひとつで実習は実り多いものとなるのです。

　まず、自分の理想とする保育とは完全なものなのでしょうか。考えてみてください。これまで養成校で保育の勉強をしてきたことでしょう。そのなかから自分の理想が少しずつ見えてきたことと思います。しかし、もっといろいろな保育を学ぶことでその理想もさらに変化していくものではないでしょうか。実習はまさにその実際を見て学ぶ機会です。実習園の保育が自分が"いいな"と思っていた保育とはまったく違った保育だったとしましょう。このときこそ、これまで学んできた理想の保育について考えを深める絶好のチャンスです。実習園の保育のよいところを探してみましょう。そうすると、自分の理想とする保育の問題点が見えてきたりします。どのような保育にも"よいところ"、そして"気をつけなければならない問題点"があるはずです。最初から実習園の保育を否定してしまうと、それが見えなくなります。そして、そうした否定的な気持ちが態度などに表れてしまうと、実習がうまくいかなくなり、ますます実習がつらく感じられることでしょう。

　どのような実習園かが問題なのではなく、大切なのはみなさんがよい学びをするということです。柔軟な心と謙虚な姿勢で学ぶことがみなさんにとってとても大切なことだと思います。短い実習期間のなかで十分に消化できないかもしれません。それでもよいのです。実習が終わってから養成校で実習を振り返りじっくりと学びを深めていきましょう。友だちが行った実習園の保育について聞いてみましょう。さまざまな保育があることに気づくでしょう。"好き嫌い"ではなく、さまざまな保育の実際について学びを深めていきましょう。

 毎朝のあいさつについて　——ある実習生の話から——

　ある実習生から次のような相談を受けたことがあります。その実習生の話によると「実習担当の先生から"実習に行ったら、毎朝、職員室に入ったときには、よろしくお願いしますとあいさつしなさい"と指導されたのですが、なんで、実習の初日に"2週間よろしくお願いします"とあいさつしているのに、毎日、同じようにお願いしなければいけないんですか？　いくら指導をしていただくといってもそんなに毎日頭を下げるのは、私はおかしいと思うんですけど……」と。みなさんは、この実習生の話を聞いてどのように思いますか。

　「人間関係」というものは、どのように形成されていくものでしょうか。初めての実習など、ほとんどの場合、まったく知らない初対面の保育者の方々と決められた実習期間を過ごすことになります。友だちでも家族でもない保育者の方と短期間で新しい人間関係を築かなければならないのです。人間関係を築く一つの方法として、「言葉と態度」というものもあるのではないでしょうか。言葉は人と人を結びつけていく大切な手段であり、コミュニケーションの基本です。それは一度お願いしたから、もう言わなくてよいとか、思っているからよいということだけではなく、「よろしくお願いします」と一言をつけ加えることで、新しい人と人とのつながりが深まることも多いのではないでしょうか。

　短い実習期間で、保育者の方との有効な人間関係を築くためにも、「ありがとうございます」「すみませんでした」「よろしくお願いします」などのあいさつを大切にしてください。より多くの人とのよい関係が築けるよう努力することも保育者をめざす人にとってはとても必要なことといえます。

（2）保育所の1日　── 乳児を中心に ──

　保育所では「デイリープログラム」（略してデイリーとよんだりします）という言葉を使います。デイリープログラムとは、保育所における1日の流れのことです。保育の内容は日々変わりますが、1日の流れはリズムをもって、ほぼ毎日、同じようにくり返されます。登園、自由な遊び、片づけ、朝の集まり、午前のおやつ、給食、午睡、午後のおやつ、自由な遊び、帰りの集まり、降園などのように流れるよう配慮されています（園によって若干異なります）。0歳児の場合は、これに沐浴などが加わりますし、月齢によっては子どものリズムに合わせて1日を過ごすこともあります。このデイリープログラムは、私たちの生活でもおおよその1日の流れが決まっているのと同じです。

　実習に入る前に、実習生がデイリープログラムについてよく理解している必要があります。なぜならデイリープログラムを知っているだけで、次に何をすべきかの手がかりになるからです。「そろそろ、お片づけだ」とか「給食だから、その前にトイレに行くよう声かけをし、手を洗うよう援助しなければならない」などがわかるわけです。デイリープログラムをきちんと理解しておけば、自分から動けるようになります。このデイリープログラムは年齢によって異なります。それぞれの年齢の生理的な成熟度に合わせて考えられています。たとえば、生後6か月未満児の場合は、新陳代謝が激しいこと、皮膚が弱くおむつかぶれを防ぐことなどから沐浴の時間をとります。1歳および2歳児は、一度に多くの食事をとることができないため、午前中のおやつがあるところが多いと思います。3〜5歳児は胃も大きくなり、午前中のおやつはいらなくなります。また3歳までは、午睡はあるところが多いと思いますが、5歳児では保育所によっては午睡をなくす、または減らす配慮をしているところもあります。それぞれの保育の現場で子どもの状況に合わせて1日の流れを決めています。実習園でのデイリープログラムは、オリエンテーションのときにしっかりと聞いてきて、実習までに理解をしておきましょう。

　また、ボランティアなどで保育所に行くときも、デイリープログラムはかならずうかがうようにしましょう。各園ごと、年齢ごとの違いを確認し、どうしてそのようにしているのかについても考えてみましょう。また、必要に応じて質問してみましょう。

ワークシート

保育所の1日って？　もう一度、確認しましょう！

　次ページの文章には、保育所の各年齢別のクラスの1日の様子が述べられています。具体的な保育所での1日の生活は年齢、発達の実態を考慮し、園の教育方針に基づいて各園で考えられています。次ページの文章を読み、例にならってB保育所とC保育所の1日についても表を完成してみましょう。

（例）A保育所の場合		B保育所の場合		C保育所の場合
8:30	○随時登園 ・保育者や友だちと朝のあいさつをする。 ○身支度 ・出席ノートにシールを貼る。 ・タオルをかける。 ・帽子やカバンをロッカーにしまう。			
9:00	○自由な遊び（身支度をすませた子から好きな遊びをする）			
9:40	○片づけ			
9:45	○朝の集まり			
10:00	○絵画制作			
10:30	○園庭で自由な遊び			
11:20	○片づけ、手洗い、排泄、昼食準備			
11:45	○給食			
12:10	○手洗い、排泄、おやつ ○入眠準備（歯磨き）			
12:40	○絵本			
13:00	○午睡			
14:30	○起床 ・布団をたたむ ・着替え、排泄 ○自由な遊びをする。			
15:00	○手洗い、排泄、おやつ			
15:45	○帰りの集まり			
16:00	○順次降園 ○園庭に出て、自由な遊び			
16:50	○片づけ			
17:00	○室内に入り自由な遊び			

　ここにあげた保育所および各クラスはあくまでも1つの例です。保育所の1日は、それぞれの園、クラスで少しずつ異なります。また、同じ園でも子どもの実態やその日の予定によって変わってくることもあります。実習では実習園での1日の生活をもっと具体的にしっかりと把握し、そうした生活がどのような考えの基に計画されているのかを理解することが大切ですね。

＜A保育所の３歳児クラスの１日＞

　８時半、登園、タオル（口拭きタオル、手拭きタオル、トイレタオル）をかけ、シール帖を出し、カバンをかけてシールを貼るなど支度をすませます。室内で自由な遊びをします。９時40分、片づけをします。９時45分、朝の集まり、朝の歌をうたい出席をとります。10時、絵画制作、昨日見た動物の話をしながら、クレヨンを取ってきて絵を描きます。10時30分、外遊びのため園庭へ出ます。11時20分、片づけ、手洗い、排泄、昼食準備をします。

　11時45分、「いただきます」をして給食を楽しく食べます。12時10分、「ごちそうさま」をして、歯を磨き、トイレをすませパジャマに着替えます。12時40分、絵本を読んでもらいます。13時、布団に入り入眠します。14時30分、起床、布団をたたみ、着替え、トイレに行きます。15時、手を洗いおやつを食べます。15時30分、口をすすぎ、トイレに行き、帰りの支度をします。15時45分、帰りの集まりをします。保育者の話を聞き、さようならの歌をうたい、さようならのあいさつをします。16時、自由な遊び、順次降園となります。16時50分、片づけをします。17時、居残り保育の子どもは、室内に入り自由な遊びをしながら迎えを待ちます。

＜B保育所の１歳児クラスの１日＞

　８時半ころより子どもたちが親といっしょに元気に登園してきました。担任の保育者は早出の子どもを早出保育から引き取り、登園してきた子どもにやさしく声かけしながら様子を観察し、受け入れをします。９時40分におもちゃの片づけを促し、いっしょに片づけます。９時50分、排泄（おしめ交換・トイレ）を終え、10時10分、おやつになります。保育者は子どもの手を消毒し、歌をうたい子どもの名前を呼びながらおやつを配ります。子どもたちは元気に「はーい」と答えます。「いただきます」をして楽しくおやつを食べます。10時30分、園庭へ出て体を動かします。

　11時10分、部屋へ戻り排泄をすませ、昼食準備に入ります。保育者が紙芝居を読んでから11時30分、昼食となります。12時15分には全員食べ終わり、うがいをして、おしめの交換、トイレに行き、パジャマに着替えます。12時30分、準備のできた子どもから、布団に入り歌をうたってもらい、やさしく肩を叩いてもらいながら、入眠します。14時30分、起きた子どもから、おしめ交換・トイレに行き、洋服に着替えます。15時、手を消毒しおやつを配ってもらい、おやつを食べます。15時30分、食べ終わり口のまわりを拭いてもらいエプロンをはずし、おしめ交換・トイレに行きます。15時45分、外に出て自由な遊びをします。16時以降、迎えがきた順に降園します。

＜C保育所の４歳児クラスの１日＞

　８時半、登園、タオルをかけ、シールを出し、カバンをかけてシールを貼るなど支度をすませます。室内で自由な遊びをします。９時40分、片づけをします。９時45分、朝の集まりとなり、朝の歌をうたい出席をとります。当番の紹介を行い、今日の予定を伝えます。10時、けん玉づくりを始めます。10時50分、できたけん玉で遊んだり自由な遊びをしたりします。

　11時30分、片づけをし、手洗い、トイレをすませ、給食の準備に入ります。当番の配っている間は静かに待ち、12時、「いただきます」をしてから楽しく食べます。食べ終わったら食器を片づけて机を拭きます。12時45分、トイレに行きパジャマに着替え、手遊び、紙芝居を楽しみます。13時10分、布団に入り入眠します。14時30分、起きて布団をたたみ、トイレへ行き、着替えをすませます。15時、当番はおやつの準備をし、手洗いをして、おやつとなります。15時30分、食べ終わったら食器を片づけ、コップ、タオルをカバンにしまい、自由な遊びをします。16時15分、帰りの集まりで一人ひとり楽しかったことを発表、当番に「ありがとう」を言い、保育者が「明日も楽しく遊ぼう」等、話をします。さようならの歌をうたってさようならのあいさつをします。16時35分、自由な遊びをして迎えを待ちます。

（3）認定こども園の１日

　幼稚園と保育所の機能をあわせもつ認定こども園では、子どもたちがどのような１日を過ごしているのでしょうか。

　まず、認定こども園には、どのような子どもたちが生活しているのか、確認してみましょう。保育所や認定こども園（保育所機能）を利用する際には、子ども・子育て支援制度において「教育・保育給付支給認定」を受けます。その際の認定区分は図表４に示す通り、３つに分かれています。このように認定こども園は、１号認定、２号認定、３号認定のすべての子どもが一緒に生活をしていることになり、その保育を受ける時間も実に多様になります。

<図表４>「教育・保育給付支給認定」の区分

認定区分	対象となる子ども	利用施設
１号認定	「保育の必要性がない」とされる満３歳以上の子ども	幼稚園 認定こども園
２号認定	「保育の必要性がある」満３歳以上の子ども	保育所 認定こども園
３号認定	「保育の必要性がある」満３歳未満の子ども	

　このように多様な保育時間の子どもたちが一緒に生活する認定こども園の１日についてＡこども園を例にみてみましょう（次頁）。３号認定と呼ばれる０・１・２歳児は、「保育の必要性がある」子どもなので、基本的に保育所と同様の生活の流れです。一方、３・４・５歳児については、「保育の必要性がある」子ども（２号認定）と「保育の必要性がない」子ども（１号認定）が一緒に生活をおくっています。１号認定は９時に登園、14時に降園が基本となり、２号認定は早朝７時から順次登園、16時半以降19時までの間に順次降園が基本です。Ａ園では、重なり合う時間は、１号認定の子どもも２号認定の子どもも一緒に活動していますが、別々に保育をする園もあります。園の環境や保育の状況に合わせて、それぞれの園が工夫しているのです。また、Ａ園では、１号認定の子どもでも、早朝や遅い時間の保育を保護者の希望によって利用できる預かり保育を実施しています。

　このように認定こども園は、保育ニーズの異なる多様な子どもたちが生活していることを踏まえ、家庭との連携のもと生活の連続性を確保し、子ども一人一人が安定した生活を送ることができるよう留意することが求められます。そのため、保育者同士の情報共有や連携が重要になります。実習では、こうした多様な生活時間の子どもを保育するにあたり、どのような配慮や保育者同士の連携がなされているかに着目し、その実際を具体的に学んでくることが大切です。

<図表5> Ａこども園の１日

3号認定の子ども		2号認定の子ども	1号認定の子ども
０歳児	１・２歳児	3・4・5歳児	
7：00 順次登園 　検温・健康観察 ＊体調に合わせてゆったり過ごす	7：00 順次登園 室内遊び	7：00 順次登園 　健康観察	7：00 預かり保育 　健康観察
		室内遊び	
		9：00 各クラスの保育室へ移動 　健康観察・身支度	9：00 順次登園 　健康観察・身支度
9：20 おやつ　ミルク	9：30 排泄　手洗い	園庭遊び	
9：45 散歩　遊び ＊一人一人の生活リズムに合わせて過ごす（睡眠・排泄・授乳）	9：40 おやつ 10：00 散歩　遊び	9：45 朝のあつまり あいさつ・出席確認・歌 10：00 自由な遊び 子ども一人一人の興味・関心に応じた遊びを行う クラス活動 クラスで集団の活動を行う 製作遊び・体を動かす遊び・リズム遊び　等	
10：45 排泄　おむつ交換	11：00 排泄・おむつ交換 沐浴・着替え		
11：00 食事　（離乳食・授乳）	11：20 食事		
11：30 排泄　おむつ交換	12：00 静かな遊び 排泄　おむつ交換　着替え	11：45 ランチルームで食事（3・4・5歳児合同）	
12：00 絵本の読み聞かせ等 午睡	12：30 絵本の読み聞かせ等 午睡	12：30 自由な遊び	
		13：00 ⬅ 排泄・着替え	預かり保育開始
		13：15 絵本の読み聞かせ　等 午睡 ＊10月〜5歳児は午睡をしない。クラス活動、一人一人の興味、関心に応じた活動を行う。	13：30 片付け　帰りの支度 13：45 帰りのあつまり 14：00 降園
15：00 目覚め 排泄　おむつ交換　着替え	15：00 目覚め 排泄　おむつ交換　着替え	15：00 目覚め 排泄　着替え	
15：30 おやつ　ミルク 遊び ＊一人一人の生活リズムに合わせて過ごす（睡眠・排泄・授乳）	15：30 おやつ 遊び	15：30 おやつ 遊び	＊預かり保育利用児は、2号認定の子どもと一緒に保育
16：30 順次降園	16：30 順次降園	16：30 順次降園	
18：30 延長保育	18：30 延長保育	18：30 延長保育	
19：00	19：00	19：00	

（4）施設の1日 ── 児童養護施設・乳児院 ──

　児童福祉法による児童福祉施設は14種類ありますが、ここでは、「児童養護施設」と「乳児院」を例に施設の1日について説明していきます。

　まず、「児童養護施設」および「乳児院」は、平成16年の児童福祉法改正により年齢規定の緩和がはかられ、乳児院に小学校就学前までの子どもが、児童養護施設に乳児から入所できることとなりました。そのため以前と違い、児童養護施設に赤ちゃんが、乳児院に4～5歳児が生活しているかもしれません。生活リズムは年齢によって大きく異なります。それぞれの年齢の子どもの発達を支える生活リズムのあり方を知りましょう。

①　児童養護施設

　児童養護施設での生活は一般家庭の1日の流れとほぼ同じですが、通常の家庭生活は、休日など時間に幅をもたせることができるのに比べ、施設の生活は集団生活なので、時間の流れを大きく変えることができません。実習園の生活の流れを早く理解し児童がリズムのある生活ができるよう援助しましょう。

②　乳児院

　乳児の1日の流れは、月齢が低ければ低いほど子ども自身の生活リズムに大人が合わせることになります。成長にしたがって一定の生活リズムを獲得するよう援助していきます。実習生としては、まず一人ひとりの生活リズムを把握することです。個々のリズムに合わせた援助を心がけましょう。

　乳児院での1日の流れは、保育所での乳児の生活を参考にしてみましょう。乳児の保育所での生活に、「起床から登園まで」と、「降園から就寝まで」を追加して考えるとよいでしょう。保育所での生活に、起床・着脱・朝食・夕食・沐浴・就寝準備・就寝などが入ってきます。

　なお、乳児の生活リズム形成のため保育者は以下のことに留意しています。実習前には、保育者の配慮点についても確認しておくとよいでしょう。

　月齢の低い子どもは、子ども自身のもつ生活リズムを大切にし、離乳食が始まるころより少しずつ園の生活リズムに合わせていきます。興味のある感覚遊びや散歩・赤ちゃん体操などを入れながら起きている時間を少しずつ調節していきます。決して無理をせず、赤ちゃんの負担にならないように、日々の様子をよく観察し、スムーズな移行を心がけましょう。いつもと違う問題があらわれたら新しい試みは中止し、少し時間をおいて子どもの育ちを待ちます。

＜図表６＞　各施設の１日の流れ

時間	児童養護施設 生活の流れ 学童	児童養護施設 生活の流れ 幼児	保育士の活動	乳児院 生活の流れ（乳児０歳児）	職員の活動	福祉型障害児入所施設 生活の流れ	職員の活動
6:00	起床		朝食準備・	起床 おむつ交換、授乳	おむつ交換、授乳、更衣、ベッド内で自由に遊ばせる	起床・着替え	（当直・早出：起床・見回り）
7:00	朝食	起床	登校準備・ 朝食	朝食（離乳食後期） おむつ交換	離乳食介助	朝食	（朝食準備）
8:00	登校	朝食	後片づけ	病児検温 朝礼	視診、更衣、ベッド内で遊ばせる、日誌記入 前日の責任者、夜勤者	歯磨き・排泄 登校（学校へ通っている場合）	（スクールバスつきそい） 日勤者：勤務入り
9:00		登園	洗濯	おむつ交換、視診 離乳食、おやつ、授乳	より申し継ぎ 全身の視診、授乳	寮作業 洗濯・ふとん干し	引き継ぎ（当直者、早出職員から）
10:00			室内外の清掃	検温 遊び、散歩、日光浴	検温 玩具で遊ばせる	作業・訓練開始	作業 訓練指導
11:00				おむつ交換、昼食 離乳食後期、午睡	おむつ交換、午睡の準備 離乳食介助、顔・手を拭く	片づけ・排泄・手洗い	移動介助・投薬
12:00	（昼食）	（昼食）	昼食		、午睡を促し、見回り、日誌記入	昼食準備 昼食	配膳 食事指導・片づけ
13:00			寮会議等	起床、おむつ交換	目覚めたらおむつ交換、	歯磨き・排泄	休憩
14:00		降園		病児検温 離乳食中期、おやつ、授乳、遊び	健康状態の悪い子どもの検温、顔・手を拭き、離乳食介助、遊ばせる	掃除・洗濯たたみ 作業・訓練 下校（学校へ通っている場合）	スクールバスつきそい 下校児受け入れ
15:00	下校	おやつ 自由時間	おやつの準備	入浴、身体視診 遊び	入浴、パジャマ着替え、爪切り、玩具で自由に	おやつ・排泄	おやつ介助 排泄指導・入浴準備
16:00	自由時間	入浴 夕食	入浴介助 学習指導	おむつ交換 夕食、離乳食後期	遊ばせる、おむつ交換 顔・手を拭き、離乳食介	入浴 夕食準備	入浴指導・洗濯物整理 児童の遊び相手 夕食準備・配膳・投薬
17:00	帰寮 清掃		夕食準備・夕食		助	夕食	食事指導・介助
18:00	夕食 学習		後片づけ	就寝 授乳	責任者〜夜勤者へ申し送り ベッドに入れ、遊ばせなが	片づけ・食堂掃除	
19:00	自由時間	就寝	学習指導	消灯、就寝	ら就寝準備、おむつ交換 授乳し順次就寝を促す	自由な時間	引き継ぎ・解勤
20:00	就寝						
21:00			日誌記帳・見回り			就床・消灯	
22:00							（当直：見回り）
23:00							（当直：見回り）
24:00			夜尿起こし				（当直：見回り）

 児童養護施設の幼児の生活は幼児が幼稚園へ通っている場合です。乳児院では、月齢が低い場合には、子どもの生活リズムに合わせて援助が行われます。

保育実技

関連科目

教育実習 　児童文化
保育実習 　保育内容の理解と方法

STEP UP
p.152-155

（1）絵本・紙芝居・素話

　子どもたちは絵本や紙芝居、素話などお話が大好きです。幼稚園や保育所では、日々の保育のなかで子どもたちにたくさんのお話を読み聞かせ、語り聞かせて、豊かな心や言葉を育んでいます。保育者は子どもたちが楽しめるお話をたくさん知っていることが求められるでしょう。また、たくさんのお話を知っているだけでなく、保育者は子どもたちがそのお話にひきつけられるような読み聞かせ、語り聞かせの技術を身につけていることが求められます。

　実習では、実際に子どもの前で絵本を読み聞かせたり、紙芝居を演じたりすることを学ぶ機会が得られることでしょう。それまでにぜひとも絵本や紙芝居をはじめ、さまざまなお話にふれておきたいものです。お話の内容を理解するだけでなく、子どもの気持ちになってお話の世界を楽しみ、そのお話の楽しさは何か？　何歳くらいの子どもが楽しめるか？　など研究してみてください。

　さらに、それらの教材を研究するだけでなく、それを子どもたちの前でどのように実践するかを学ぶことが大切です。実習ではまさに実践する機会が得られるでしょうから、それまでに少しでも子どもたちがひきつけられるようなお話ができるよう練習しておきましょう。

【絵本、紙芝居、素話などをするときのポイント】

① 子どもの興味や発達にあった内容を選ぶ。

② 季節感や行事なども考慮して選ぶ。

③ 子どもにとって、そのお話の楽しさは何かを感じながら下読みをする。

④ 内容を覚えてしまうくらいよく練習する。

⑤ 絵本は、のど（本の内側）の部分をよく開いておく。

⑥ 紙芝居は、抜き方や抜くタイミングなどをチェックしておく。

⑦ 子どもが見やすい、聞きやすい座り方、座る位置を考える。

⑧ 表情豊かに読み聞かせ、語り聞かせをする。

⑨ 子どもの反応を受け止めながら、読み聞かせ、語り聞かせをする。

⑩ お話の終わりは、その余韻を楽しむ子どもの姿を大切にする。

IMAGE UP
イメージ
アップ

 読み聞かせ・語り聞かせをしてみましょう。

　実際の場面を想定して、お話の読み聞かせ、語り聞かせを実践してみましょう。実際に予定されている実習を想定してみるとよいですね。どのようなお話を選んだらよいのか、実践するときに留意する点はどのようなことか、よく考えてからしましょう。

１．実際に予定されている実習を想定しましょう。

実習園	幼稚園　　保育所 ※どちらかに○をつけましょう
実習の時期	月ころ
子どもの年齢	歳児 ※自分が担当してみたいと思う年齢を想定しましょう

２．どのようなお話をするのか、どのようにしたらよいか、考えましょう。

お話の内容	種類	例）絵本、紙芝居、素話
	題名	
	ねらい （楽しさのポイントなど）	

お話をするときの環境構成	お話をするときの留意点
準備するもの 環境図 環境構成の留意点	

3．友だちを子どもに見立てて実践してみましょう。

4．実践したらどのようなところがうまくできて、どのようなところがうまくできなかったのか、
　どのように改善したらもっとよくなるのか、自分自身で考えたり友だちと話し合ってみましょう。

① まずは自己評価をしてみましょう。5段階評価で○をつけましょう。

	項目	評価				
		☆☆☆ ☆☆	☆☆ ☆☆	☆☆☆	☆☆	☆
1	選んだ題材はわかりやすく、子どもの興味をひくものであったか？					
2	お話を聞きやすく、また見やすい環境構成になっていたか？					
3	お話をするときの声の大きさは適切であったか？					
4	お話の仕方に子どもが楽しめるような工夫があったか？					
5	子どもの反応を受け止めながらお話を進めようとしていたか？					

② さらによくするためには何を改善したらよいか、考えてみてください。

	改善点
1	
2	
3	

③ 子ども役をしてくれた友だちからのアドバイスをもらって書きましょう。

 友だちのよかったところやこのようにするともっとよくなるという具体的な改善点など、建設的なアドバイスをし
てあげましょう。

（2）手遊び・リズム遊び

　子どもたちは歌が大好きです。小さな赤ちゃんでも抱いて歌をうたってあげるとご機嫌になったり、歌に合わせて体を揺り動かして楽しみます。もう少し大きくなると子どもたちは生活や遊びのなかで歌をうたうことを楽しんでいます。実習では子どもたちにたくさんの歌をうたってあげたり、いっしょにうたうことを楽しみたいですね。子どもたちにとって歌は遊びであり、保育者や友だちとのコミュニケーションでもあり、心の表現でもあります。歌を通して子どもとのコミュニケーションが生まれたり、子どもの心の表現を受け止めてあげられたらすてきですね。

　歌をうたうと楽しい気分になり、自然と体を動かしたくなります。幼稚園や保育所では、そんな子どもたちと手遊びやリズム遊びをよく楽しみます。とくに手遊びはちょっとした時間に、何もなくても、どこでもできる子どもたちの大好きな遊びの1つです。手遊びには、昔から口から口へと伝えられてきたものや、新しくつくられたものまでたくさんあります。幼稚園や保育所では、保育者や子どもたちが手遊びを創作したりすることもあります。手遊びには、リズムを楽しむ手遊び、表現を楽しむ手遊び、スキンシップを楽しむ手遊び、ゲームを楽しむ手遊びなどさまざまな種類があり、その楽しさもさまざまです。実習がはじまるまでにたくさんの手遊びやリズム遊びを覚え、子どもたちの前でできるよう練習しておきましょう。

【手遊び・リズム遊びをするときのポイント】
① 子どもの興味や発達に合った内容を選ぶ。
② メロディー、歌詞、振りをしっかり覚える。
③ 自信をもってできるよう人前でよく練習しておく。
④ にこやかに楽しそうに行う。
⑤ 子どもたちにわかりやすく伝わるよう、言葉ははっきり、振りは大きめにする。
⑥ 子どもたちの反応に合わせて行う。
⑦ 子どもたちがはじめてするときには、ゆっくり、くり返し行う。
⑧ 子どもたちが知っている場合でも楽しめるように、1つの手遊びでもさまざまな楽しみ方（アレンジ）を考えておく。

　同じ手遊びでもメロディーや歌詞が異なる場合があります。自分が知っているものと子どもたちが知っているものとが違っていても、あわてないようにしましょう。事前に担当保育者に確認しておくとよいですね。たとえ、「違うよ！」と言われても、「今度、みんなの知っているのを教えてね。今日は先生が知っているのでやってみましょう」などと落ち着いて対応できるとよいでしょう。

IMAGE UP

イメージ
アップ

手遊び、リズム遊びを覚えましょう。

　友だちと協力して手遊び、リズム遊びをもちよって、それぞれの楽しさのポイント、実践するときの留意点や工夫、アレンジを考えましょう。また、考えたら友だちの前で実際にやってみましょう。

＜例＞題名（　　やおやのおみせ　）	
楽しさのポイント 　リズムに合わせながら、やおやさんにあるものを考える楽しさがある。	**楽譜・遊び方** 　歌のあとに、保育者がやおやにあるものを「きゅうり」などとリズムに合わせて言う。保育者が言ったものがやおやにあるものだったら、子どもはパンパンと2回手をたたく。ないものだったら手をたたいてはいけない。
実践するときの留意点・工夫点 ・子どもたちとかけあいになるので、反応を見ながら行う。 ・慣れてきたら「にんじん」と言わず、「ニンジャ」などと言ってフェイントをかけるなどして楽しめるようにする。	
アレンジ ・やおやさんをおすしやさんなど、子どもたちが親しんでいるほかのお店に変えて遊ぶこともできる。 ・保育者が答えをいうのではなく、子どもに順番に答えてもらっても楽しい。	保育者「きゅうり」　子ども「パン　パン」（手拍子）

1. 題名（　　　　　　　　　　　　　　　　　　　　　　　　　　　）	
楽しさのポイント	**楽譜・遊び方**
実践するときの留意点・工夫点	
アレンジ	

2. 題名 （ 　　　　　　　　　　　　　　　　　　　　　 ）

楽しさのポイント	楽譜・遊び方
実践するときの留意点・工夫点	
アレンジ	

3. 題名 （ 　　　　　　　　　　　　　　　　　　　　　 ）

楽しさのポイント	楽譜・遊び方
実践するときの留意点・工夫点	
アレンジ	

（3）ゲーム

　子どもたちは体や頭を動かすことも大好きです。頭を働かせ体を動かして遊ぶゲームは子どもたちの大好きな遊びの1つです。ゲームは集団で楽しむことのできる遊びでもあり、集団生活の場である幼稚園や保育所にはぴったりの遊びです。幼児期の子どもたちには友だちと大勢で遊ぶ楽しさをたくさん味わってほしいと思います。実習ではぜひ、ゲームにもチャレンジしてみたいですね。幼児期の子どもたちが楽しめるゲームにはどのようなものがあるのでしょうか。楽しいゲームもたくさん調べておきたいものです。

　子どもたちの大好きなゲームをたくさん研究し、それらのゲームを子どもたちにどのように提案し、その楽しさをどのように伝えたらよいのか、よく考え学んで子どもたちと楽しめるよう実習までに準備しておきましょう。

【ゲームをするときのポイント】

① 子どもの発達をよく把握し、子どもが無理なく理解でき、動ける内容を考える。

② 動きをともなうゲームは、どのような危険が予想されるかをよく考え、安全を確保するための環境や援助、子どもとの約束事をよく考えておく。

③ 遊び方やルールを子どもたちが理解できるようなわかりやすい伝え方をよく考えておく。

④ 子どもたちが遊び方を1回で理解しなくても、くり返し行うなかで楽しみながら理解できるようかかわっていく。たとえ間違えてしまう子どもがいても、そのつどやさしく伝えていく。

⑤ 集団で遊ぶことの楽しさを感じられるようにすることを大切にしながらかかわっていく。

 勝敗をきめるゲームでのかかわり方

　みんなでいっしょに行うことで楽しいゲームもありますが、勝敗を決めるゲームは4歳児、5歳児の子どもたちは大好きで、真剣に取り組み楽しみます。そんなとき、ゲームの勝敗で負けてしまうと、いじけてゲームに参加したがらなくなる子どもを見かけることがあります。こんなとき実習生のあなたはどのように対応しますか。

　まずは、いじけてしまっている子どもの心に寄り添い話を聞いてあげることが大切です。子どもと同じ目線に立ち、何が悔しかったのかを聞いてあげるとよいでしょう。真剣に取り組んでいるからこそ、そのような気持ちにつながるのですから、そのことを認めてあげることが大切です。いっしょに勝つための作戦を考えたりしてもよいですね。それでもなかなか参加しないときは、「先生といっしょにもう1回やってみない？」と、声をかけるなどの援助もよいでしょう。

IMAGE UP
イメージ
アップ

楽しいゲームを調べ、考え、そして遊んでみましょう！

　子どもが楽しめるゲームにはどのようなものがあるでしょうか？　子どもが楽しめそうなゲームを友だちとできるだけたくさん出し合ってみましょう。

ゲームの名前	対象年齢	遊び方
例（フルーツバスケット）	4〜5歳	① 「りんご」「ばなな」「みかん」「ぶどう」など子どもたちが知っているフルーツのグループに子どもたちをわける。人数はおおよそ同じくらいにする。子どもがそれぞれどのフルーツなのか目で見てもわかるように、フルーツの絵を描いたメダルやお面を用意してつけるとよい。 ② 　イスを円形に並べ、子どもたちに好きな席に座ってもらう。このとき、フルーツがバラバラになってしまっても構わない。 ③ 　最初は保育者がリーダーになり、「りんご」などとすきなフルーツをみんなに聞こえるように言う。 ④ 　リーダーが言ったフルーツの子どもたちは、立ち上がり、空いているほかのイスを探して座る。「フルーツバスケット！」とリーダーが言った場合には、全員が席を移動する。 ⑤ 　慣れてきたらイスを1つ減らして、座れなかった子どもがリーダーになるようにする。 　　➡ フルーツ以外に子どもたちの好きなキャラクターなどを使っても楽しい。
1（　　　）		
2（　　　）		
3（　　　）		

（4）手づくり教材
── ペープサート・パネルシアター・エプロンシアターなど ──

　幼稚園や保育所では、保育者が子どもたちのためにつくった教材がよく活用されます。手づくりの絵本や紙芝居、その他、ペープサートやパネルシアター、エプロンシアターなど、実にさまざまな手づくり教材がつくられ、用いられています。これらは、お話を楽しむものもあれば、歌や手遊び、クイズやゲームなどを楽しむものもあり、その内容もさまざまで、子どもたちにとって魅力的なものばかりです。

　保育者が自分たちのためにつくってくれた教材はぬくもりがあり、また子どもの興味、関心に基づいて保育者がさまざまなアイデアを盛り込むことができるので、既製の教材にはない魅力があるようです。実習でも既製の教材ばかりに頼るのではなく、子どもたちのために楽しい教材をつくって実践できたらいいですね。まずは、1つつくってみましょう。

　さて、そうした手づくり教材をつくるためには、どのような教材があるのか調べてみる必要があります。ペープサートやパネルシアター、エプロンシアターのほかにも、紙コップやカップラーメンの容器を利用したカップシアター、うちわを利用したうちわシアター、などお金をかけなくても身近にあるものを利用してつくることができそうです。その他、身のまわりを見渡してみましょう。身のまわりのものを利用して、自分のオリジナルで新たな教材を創造してみるのも楽しそうです。

　教材をつくったらこれでおしまいではありません。つくったものを使って保育実践することに実習の意義があるといえるでしょう。実習でチャンスがあったら、いつでもできるよう実践に備えて練習しておくことがとても大切です。

 実習生がつくった教材　──手遊び「キャベツと青虫」を使って──

　子どもたちに人気のある手遊び「キャベツと青虫」を題材にしてつくった手袋シアターです。カラー手袋（軍手）にフェルトを貼ったり、縫いつけたりするだけでできる簡単な手づくり教材です。

【用意するもの】
　　緑のカラー軍手／フェルト
・フェルトで指には青虫、手のひらにはチョウチョの羽根をつくり、手芸用ボンドで貼りつける。
・左右で1匹のチョウチョになるように親指同士を絡ませる。

IMAGE UP

イメージアップ

 手づくり教材をつくってみましょう！

　子どもたちが楽しめる手づくり教材を自分でつくってみましょう。つくったら、その手づくり教材を使って実際の場面を想定し実践してみましょう。子どもたちの前で実践するとき、どのようなことに留意したらよいのでしょうか。よく考えてから行いましょう。

1．どのような手づくり教材をつくりますか？

 それを実践するとき、どのようなことに留意したらよいですか？　考えましょう。

種類 例）ペープサート、パネルシアター……等	題名
内容および作品の特徴	

実践するときの環境構成	実践するときの留意点
準備するもの 環境構成図 環境構成の留意点	

2．友だちを子どもに見立てて実践してみましょう。

3．実践したらどのようなところがうまくできて、どのようなところがうまくできなかったのか、どのように改善したらもっとよくなるのか、自分自身で考えたり友だちと話し合ってみましょう。

① まずは自己評価をしてみましょう。5段階評価で○をつけましょう。

	項目	評価				
		☆☆☆ ☆☆	☆☆ ☆☆	☆☆☆	☆☆	☆
1	手づくり教材はわかりやすく、子どもの興味をひくものであったか？					
2	教材を見やすく、楽しめる環境構成になっていたか？					
3	あらかじめ考えた留意事項に注意しながら落ち着いて実践できたか？					
4	自分も楽しんで実践できたか？					
5	子どもの反応を受け止めながら実践しようとしていたか？					

② さらによくするためには何を改善したらよいか、考えてみてください。

	改善点
1	
2	
3	

③ 子ども役をしてくれた友だちからのアドバイスをもらって書きましょう。

 友だちのよかったところやこのようにするともっとよくなるという具体的な改善点など、建設的なアドバイスをしてあげましょう。

（5）製作活動

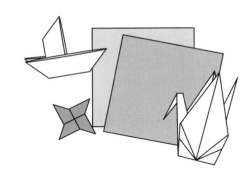

　子どもたちは、描くこと、つくることも大好きです。幼稚園や保育所では、子どもたちが新聞紙を筒状に丸めて剣をつくったり、絵を描いたり、折り紙を折ったり……など楽しんでいる姿が見られます。遊びのなかで子どもが思い思いのものを自由に描いたり、つくったりすることもあれば、保育者が提案して製作活動を展開することもあります。

　その日の中心となる活動（主活動）を任せられる責任実習では、こうした製作活動を行う機会が多くあるようです。子どもたちが楽しめる製作活動を1つでも多く知っておきたいものです。また、知っておくだけでなく、それらを子どもたちと楽しむためにはどうしたらよいか、ということもしっかり研究しておくことが必要です。「表現（造形）」の教科などで学んだことでしょうが、実習までにもう一度しっかり学習し準備しておきましょう。

 COLUMN　　**活動ファイルをつくろう！**

　絵本・紙芝居、手遊び・リズム遊び、ゲーム、製作など、それぞれの活動をジャンルごとに分けてファイルを作成しておくととても便利です。授業のなかで教えてもらった活動のアイデアがたくさんあるでしょう。また、本や保育雑誌などを開くと楽しい活動を知ることができます。こうして知ったことをそのままにしておくと忘れてしまうし、もったいないですね。実習ですぐに使えるように、活動ファイルをつくってみてはどうでしょうか？

　本書のなかで、さまざまな活動を調べたり、実践したりしましたね。それをノートやファイルにしてまとめておけばよいのです。友だちから学んだもの、その他の授業で学んだものなども加えていくと、自分のレパートリーがふえます。

　　＜書いておきたい項目＞
　　　☆ 対象年齢
　　　　　── その活動に適した年齢 ──
　　　☆ お話の内容
　　　　　── 絵本や紙芝居の場合 ──
　　　☆ 材料や用具など準備するもの
　　　☆ 遊び方・つくり方
　　　☆ 楽しさのポイント
　　　☆ 活動をするときの留意点

子どもと楽しめる製作活動を調べ、実際につくってみましょう！

　子どもたちが楽しめる製作活動を考えて、実際につくってみましょう。アイデアが思い浮かばなければ、本や保育雑誌を開いて調べてみましょう。1つの本や保育雑誌を見てそのまま書き写すのではなく、何冊か本を見てみると同じものをつくるにしてもいろいろな方法や工夫があることに気づけるでしょう。

1．折り紙製作をしてみましょう。実際につくって、この活動を行うのに適した年齢、折り方とそのポイント、援助の留意点を考えましょう。

作品名	活動に適した年齢
ねらい	
折り方とそのポイント　➡　図解すると見やすいです。	
子どもたちと活動を進めるときの留意点	

2．折り紙以外にどのような製作活動があるでしょうか？　自分で調べたり、考えたりしてみましょう。また、実際につくって、この活動を行うのに適した年齢、つくり方や遊び方とそのポイント、援助の留意点を考えましょう。

作品名	活動に適した年齢
ねらい	
準備……用意するもの（こと）	

つくり方・遊び方とそのポイント　➡　図解すると見やすいです。

子どもたちと活動を進めるときの留意点

（6）生活に関する技術

　遊びは子どもの活動の中心であり、子どもの発達に遊びは欠かせないものです。保育は子どもの遊びを通して指導することがとても大切ですが、子どもの活動には遊びのほかに食事や排泄、衣服の調節、休息といった生活にかかわる部分もあり、こうした生活に関する援助も求められます。

　さて、実習では子どもの生活の援助について実践的に学ぶことになります。たとえば、実際に赤ちゃんを抱いたり、おむつ交換をしたり、食事の援助や衣服の着脱の援助もするでしょう。とくに乳児へのケアは生命を守るうえでとても重要です。赤ちゃんの抱き方やおむつ交換のやり方などしっかり学んでおくことが必要ですね。また、乳幼児期は基本的生活習慣が自立していく時期ですから、こうした生活に関する援助がとても大切です。子どもの心身の発達を踏まえたうえで、子どもが自分でできないことをただ手伝ってあげるだけでなく、子ども自身がいずれは自分1人でできるようになることを見通しながら援助していかなくてはなりません。これは子どもの心身の発達をしっかり理解していなければできることではありません。実習に行く前までに、子どもの発達についてしっかりと理解しておきたいものです。

　しかし、乳幼児の発達やケアの仕方をしっかり学習していたとしても、実際に援助することはなかなかむずかしいようです。実習生からは、「赤ちゃんを抱き上げようとしたら泣かれてしまいました。担任の先生のときはまったく泣かないのに……」、「人形でおむつ交換をしっかり練習してきたのに、実際に赤ちゃんのおむつを交換しようとしたらうまくできませんでした」、「自分でできそうもないのでボタンをかけてあげたら、"自分で！"と怒られてしまいました」などといった実習での苦労話をよく聞かされます。子どもの発達を理解し、技術を習得していたとしても、それをただやればいいというわけではないのです。子どもたちはどんなに小さな赤ちゃんでもさまざまな気持ちを抱いていますし、思いをもって生きているのです。子どもたちのそんな気持ちや思いを受け止め理解しながらかかわっていくことが大切なのです。

　どのようにかかわるか？　それには答えなどありません。そのときの状況や子どもの気持ちによって違いますし、かかわる人との関係によっても異なります。一人ひとりの発達や個性を把握し、子どもとのかかわりのなかで子どもの気持ちを理解しながら、自分で考えていくほかありません。基本的な子どもの発達や保育の技術を習得しておくことはもちろんのこと、子どもの気持ちを理解しようと努めながらかかわっていく柔軟な頭と心を鍛えておきたいものです。

人見知りする赤ちゃんとどうかかわったらいいの？

　「目が合っただけで泣かれてしまいました」と実習初日から人見知りする赤ちゃんとのかかわりに不安を募らせてしまう実習生も多いようです。でも、赤ちゃんだったら人見知りしても当たり前です。「嫌われている」と必要以上に不安になることよりも、人見知りする赤ちゃんとどのようにかかわったらよいのか？　実践的に学べるチャンスと考えましょう。赤ちゃんとどうかかわったらよいのか？　ヒントをあげておきましょう。

　「積極的に赤ちゃんの世話をしよう！」といきなり抱き上げても赤ちゃんをびっくりさせてしまうだけです。少しずつかかわりをもつようにしましょう。

① 少し離れたところから、さりげなくやさしいまなざしを向けてみましょう。
② 目が合っても大丈夫なら、ほほえみかけてみましょう。
③ ほほえんでも大丈夫そうなら、1歩、2歩……と少しずつ近づいてみましょう。
④ 近づけたら、やさしく穏やかに話しかけてみましょう。
⑤ 嫌がらずに受け止めているようなら、そっと手をさしのべてみましょう。
⑥ ふれても大丈夫そうなら、喜びそうな遊具を差し出したりしていっしょに遊んでみましょう。

　もしうまくかかわりをもてなくても、無理をせず笑顔を心がけ、あせらずにゆっくり赤ちゃんに慣れてもらいましょう。他児と楽しく遊んでいる様子を見てもらうことで徐々に安心することもあります。

 子どもの主体性を大切にした言葉かけ

　子どもへの言葉かけはとても重要です。同じことを伝えるにも、言い方はさまざまです。子どもが主体的に生活できるような言葉かけを常に心がけたいものですね。

×　否定的・指示的		○　肯定的・共感的
「順番に使わないとだめよ」	⇒	「楽しそうね。……お友だちも遊びたいみたい」
「早く支度をしなさい」	⇒	「支度はできましたか？　先生待っています」
「お当番をしなさい」	⇒	「うさぎさん、お腹すいているみたい」
「おしゃべりしないで」	⇒	「先生の声聞こえるかな？」
「泣きやみなさい」	⇒	「つらかったね。ちょっとがまんしてみようか」
「どうしてできないの？」	⇒	「○○するのは少し苦手だったかな。もう少していねいに落ちついてやってみる？」
「いじわるしないで」	⇒	「○○したかったのかな？　でもお友だちのお顔見てごらん。悲しそうなお顔してるよ」

（7）そのほかの保育技術
── 自己紹介・子どもの楽しませ方など ──

　保育者は子ども一人ひとりとのかかわりを大切にしていますが、集団へのかかわりもとても大切です。ときにはクラス集団をまとめていくこともしなくてはなりません。集団の子どもたちを前にして静かに話を聞いてほしいときもあるのです。けれども子どもは好奇心旺盛で活動的ですから、それは容易ではないかもしれません。しかし幼稚園や保育所の先生方がみな、子どもたちが聞きたくなるような魅力的な話し方をしています。子どもたちもそんな保育者の話を集中して聞くことができます。

　実習では集団の子どもたちの前に立ち、話をする場面に遭遇することでしょう。実習がはじまって1番先に子どもたちの前で話す機会として、自己紹介があげられるでしょう。自己紹介は子どもたちに自分を知ってもらうよいチャンスです。子どもたちは実習生に注目しています。「この先生は楽しそう。いっしょに遊んでみたいな」と思ってもらえるような自己紹介ができたら、子どもとのかかわりもきっとスムーズになるでしょう。

　実習が進んでいくと、部分・全日（1日）実習など、集団の子どもたちの前で話す機会はふえていきます。具体的には、朝の会でのあいさつや出席調べ、製作や運動遊び、リズム遊びといった一斉活動、帰りの会での活動やあいさつ……など、クラス全体の子どもたちをまとめ、活動を進めていくことになるのです。保育者の話し方一つで、その活動が楽しくもなれば退屈にもなってしまいます。「なんだろう。楽しそう‼」と子どもたちが引き込まれるような話し方ができるようになりたいものです。

　何気ない保育者の話し方には、子どもたちの心をつかむ工夫がたくさんあるのです。保育者のように子どもたちの気持ちをとらえた魅力的な話し方ができたらいいですね。しかし、実習生にとっては慣れないことですから緊張もするでしょう。だからこそ、どのような話し方をしたら子どもの気持ちをとらえることができるのか？　子どもが興味をもって楽しく聞けるような話し方をしっかり研究し、また練習しておくことが大切です。

　そのほか、実習では健常な子どもばかりでなく、障がいをもった子どもに出会うこともあります。障がいをもった子どもの保育には特別に配慮すべき事柄があります。そうした事柄も事前にしっかり学習、準備しておきたいものです。

自己紹介してみましょう。

　自己紹介の時間が与えられたら、どのような自己紹介をしますか。まずは、どのような事柄をどのように話すか？　考えてみましょう。自分らしく、また楽しい自己紹介になるようにしましょう。

　1．自己紹介で何を伝えたいですか？　話す事柄を書き出してみましょう。それを子どもにとってわかりやすく、親しみやすい言葉に直してみましょう。

	自己紹介で話す事項	→	子どもたちに伝える言葉
＜例＞	好きな遊びについて	→	「私は、鬼ごっこや砂遊び、外で体を動かして遊ぶことが大好きです。みなさんは、幼稚園のお庭でどんなことをして遊んでいますか？　みなさんとたくさん遊びたいので、楽しい遊びを教えてくださいね。」
1			
2			
3			
4			

　2．自己紹介（話）をどのようにするか？　楽しくする工夫を考えてみましょう。

　3．自己紹介で何をどのように話すか、また、話すときの工夫を考えたら、さっそく実践してみましょう。友だちや家族に子ども役になってもらいましょう。

COLUMN 「実習生の楽しい自己紹介」

　自己紹介 (子どもに話) をするときは、子どもたちにわかりやすい言葉で、また、語りかける
ようにするとよいでしょう。けれど、話し方に留意することはもちろんのこと、ちょっとした一
工夫を加えるともっと楽しくなり、子どもたちも興味をもって聞いてくれます。
　実際に実習生が行った楽しい自己紹介をいくつか紹介しておきましょう。

【指人形やペープサートを使って！】
　「私、うさぎのピョンちゃん！　今日は私のお友だちを紹介します！」と指人形のピョンちゃ
んに紹介してもらっても楽しい自己紹介になります。

＜例＞
　　ピョンちゃん：「お名前は？」
　　実　習　生：「○○○○○○です」
　　ピョンちゃん：「好きな遊びは？」
　　実　習　生：「鬼ごっこです。みんなもいっしょに遊んでくださいね。よろしくね！」
　　ピョンちゃん：「好きな食べ物は？」
　　実　習　生：「りんごです。みんなの好きな食べ物も教えてくださいね」

＜指人形のつくり方＞
　　材料…フエルト

　　フエルトを自分の指の
　　大きさに合わせて筒状
　　に縫い合わせる。

フエルトでうさぎなど、好きな動
物の顔をつくり、筒に縫いつける。

うさぎの
ピョンちゃん

【クイズ形式で】
　4～5歳児なら、クイズ形式で自己紹介を行っても楽しむことができます。
　画用紙に絵を描いてクイズにしてみました。参考にしてください。

＜例＞
　　実　習　生：「クイズです！　私の名前は……」

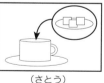
（さとう）
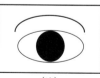
（め）

（ぐ）

（み）

すぐにわからないようであれば、ヒントを出しながら進めていくとよいでしょう。
ほかにも「好きな食べ物はなんでしょう？」と、シルエットクイズなどにしても楽しいでしょう。

裏返す

「好きな食べ物は、ソフ
トクリームでした」

9. 指導計画の立て方

保育内容総論　保育の計画と評価
保育原理　　　教育課程論
STEP UP
p.156-157

（1）カリキュラムについて

　カリキュラムとは教育課程のことで、学校において教育の目標を達成するために組織した教育の全体計画のことです。幼稚園や保育所にもカリキュラムは存在します。園生活の骨組みともいうべきこの全体計画を幼稚園では教育課程、保育所では全体的な計画とよんでいます。また、それを実際の子どもたちの姿に照らし合わせ保育を展開していくために立てられる具体的な保育実践の計画を指導計画とよんでいるのです。この指導計画には、年間指導計画、期間指導計画、月間指導計画（月案）、週の指導計画（週案）、日々の指導計画（日案）、週案と日案を組み合わせた週日案など、見通す期間によりさまざまな種類があります。

　さて、保育をするときにこうした計画がなぜ必要なのでしょうか。子どもの自発的で主体的な活動を大切にするうえで計画は邪魔にならないのでしょうか。たしかに、計画というと"決めたことを決められたとおりにする"といったイメージがあり、このイメージからすれば自発的で主体的な子どもの活動を尊重する保育はできないかもしれません。幼稚園、保育所における保育の中心は子どもの自発的な遊びであり、こうした子どもの遊びをあらかじめ決めたり、計画したりすることはとても困難なことです。しかし、現在考えられている保育の計画とは、"決めたことを決められたとおりにする"という計画ではありません。保育における計画とは、保育者が子どもに与える遊びや活動の内容を決めることではなく、子どもの充実した生活や遊びに、必要な環境やその環境にかかわって遊びを展開する子どもに必要な援助について、見通しをもって考えることなのです。遊びの内容やその遊びを子どもがどのように進めていくかは、計画的に見通すことができなくても、子どもの遊びが充実するような援助を考えることは必要です。

　何の考えもなく、行きあたりばったりで保育をしたらどうなるでしょうか。子どもの自発的な遊びが充実するためには、「楽しそう！」「やってみたい！」と思えるようなことに出会える豊かな環境が必要になります。環境はその場ですぐにつくりあげられるものではありません。たとえば、子どもが草花に興味をもっても草花にふれられる環境がなくては、草花とかかわる遊びは生まれません。草花を育てたり、収穫することを体験できる環境は、ある程度、長期的な見通しをもって考えておかなくてはな

らないでしょう。また、子どもが主体的に遊びを展開していくためには、子どもの発達をしっかり理解し、何をどこまでどのように援助することが必要なのか考えなくてはなりません。子どもが遊びのなかで行き詰まりを感じているのにそれに気づかず何の援助もしなかったり、逆に子どもが自分でできることに手を貸してしまったりすることのないよう、その時期には子どもがどこまで自分たちで遊びを進めていくことができるのかをある程度長期的に見通しておくことが必要になります。

　また、日々、一人ひとりの子どもの思いや育ちを理解しながらどのような環境や援助が必要かを考えておくことも必要です。子どもの思いや育ちをその場で感じ取り理解することもできますし、それも大切ですが、子どもから離れたところでじっくりと一人ひとりの子どもや自分の保育について振り返り考えをめぐらすことでより理解が深まり、子どもたちに必要な環境や援助も見えてきます。そうした作業の過程を文章にして書き表すことが週案や日案を立案するということなのです。計画には、こうした短期的な見通しも必要になります。

 先輩方の体験談から

　ある養成校で実習をすべて終えた学生に「実習前に準備しておくべきことは何でしょう？」というアンケートをとったら、もっとも多かったのが"実習指導案（部分案、日案）"でした。「実習が始まってからでは、毎日の実習日誌に加えて指導案を０から書き上げることはとても無理！」との感想が多く聞かされました。指導案は実際の子どもの姿や保育の流れを把握しなければ書けませんが、事前に練習しておくことはできます。実習が始まってから「指導案ってどうやって書くの？」などと言っているようでは確かに困ってしまいます。事前に指導案の書き方を頭で学習することはもちろん、実際に書いてみることが必要でしょう。また、ふだんから活動研究をしていなければ、実習が始まってから「どんな活動をしよう？」と考えてもなかなかアイデアが思い浮かばないでしょう。

【実習前に準備しておくこと BEST 3 ── 先輩方の体験談より ──】
　　１．実習指導案（指導案の書き方の学習）
　　２．ピアノや読み聞かせなど保育実技の習得
　　３．手づくり教材の準備
　　　　※事前にしっかり準備して実り多い実習にしたいものです。

QUIZ
クイズ

保育における計画について次のクイズに挑戦してみましょう。

answer
P.179

幼稚園・保育所における計画とはどのようなものでしょうか。また、どのように考えられているのでしょうか。語群から適切な語を選び書き入れましょう。

① 幼児が主体的に環境とかかわることを通して自ら発達に必要な経験を積み重ねるためには、幼稚園生活が（a.　　　　　　）をもったものでなければならない。

② 幼稚園における教育期間の全体を見通し、幼稚園の教育目標に向かってどのような筋道をたどっていくかを明らかにした計画を（b.　　　　　　）と言う。

③ （b.　　　　　　）に基づいて幼児の発達の実情に照らし合わせながら、一人一人の幼児が生活を通して必要な経験が得られるような具体的な計画を（c.　　　　　　）と言う。

④ （c.　　　　　　）は一般に（d.　　　　　　）をもった年、学期、月あるいは発達の時期などの計画とそれと関連してより具体的な（e.　　　　　）に即した週、日などの短期的な計画を考えることができる。

⑤ （c.　　　　　　）は、一人一人の幼児が幼児期にふさわしい生活を展開して必要な経験を得ていくように、あらかじめ考えた（f.　　　　　　）であることに留意して指導を行うことが大切である。

⑥ 具体的な指導は、（c.　　　　　　）によって指導の方向性を明確にもちながらも、幼児の生活に応じて（g.　　　　　　）に行うものであり、（c.　　　　　　）は幼児の生活に応じて常に（h.　　　　　　）いくものである。

⑦ 保育所は、保育の基本となる（i.　　　　　　）を作成するとともに、これを具体化した（c.　　　　　　）を作成しなければならない」。

⑧ 3歳未満児については、一人一人の子どもの生育歴、心身の発達、活動の実態等に即して、（j.　　　　　　）な計画を作成すること。

⑨ 3歳以上児の指導計画においては、一人一人の子どもの（k.　　　　　　）が重視されてこそ集団の育ちがあるという点を十分に認識した上で作成することが重要である。

語群	具体性　　予定　　指導計画　　発達　　教育計画　　受動的　　仮説　　慎重に 保育計画　　援助計画　　個別的　　個人差　　長期的な見通し　　教育課程　　計画性 変えて　　幼児の生活　　全体的な計画　　柔軟　　主体性

HINT 幼稚園教育要領解説、保育所保育指針解説書を読んでみましょう。

（2）指導案の立て方

① 基本的な指導案の立て方について

　実習が後半に近づくと、ある部分や１日の保育を担任保育者に代わって保育するということを経験します。これは部分的に担当するものを部分実習、１日を担当するものを全日実習（１日実習）とよんでいますが、実習生にとってはそれまで学んだことを自分で実践する実習の総まとめともいうべき貴重な学びの場となることでしょう。計画の立案のもとに保育が展開されているように部分実習や全日実習でも、当然、計画を立てることになります。この実習における保育の計画を指導案（部分実習指導案、全日実習指導案）とよんでいます。指導案は基本的には、実際の保育における計画と同じように立案すればよいのですが、実習は実際の保育と違って短い期間のなかで、しかもわずかな時間のみを担当するので、実習における計画として考えておかなければならないこともあります。実習における指導案の基本的な立て方について理解しておきましょう。

② 実習における指導案について

　指導案には、子どもの「自由な遊び」を中心とした計画と、その日の「中心となる活動」として保育者（実習生）が提案する活動を盛り込んだ計画とが考えられます。

　前者は、子どもの自発性や主体性が最大限に発揮される保育の計画といえますが、短い実習期間のなかで、実習生がその計画を立案し、保育を実践することはとてもむずかしいことです。なぜなら、子どもの「自由な遊び」を中心とした保育は、子どもが遊ぶ様子をただ見ていればよいのではなく、日々の子どもの様子から子ども一人ひとりの遊びの展開を予測し、その遊びのなかで、どのような環境や援助が子ども一人ひとりの発達にとって必要であるかを細やかに考え、実践しなければならないからです。

　そのため、実習では、後者の計画を立案することが多くなるでしょう。実習生のなかには「保育は、子どもの自発性や主体性を重視することが大切だと習いましたが、子どもにこちらから活動を提案してもよいのでしょうか」と悩む人も少なからずいるようです。しかし、活動を提案することが、かならずしも子どもの自発性、主体性を無視した保育になるとはいえません。子どもの興味や発達を理解して考えられた活動は、子どもにとって楽しい活動になり、自由な遊びのなかでは経験できないことを経験したり、その楽しさに気づいたりする機会にもつながります。

　どちらのスタイルで指導案を立案するかは、実習園の保育方針等、その考えによって異なりますので、あらかじめ担当保育者によく相談しましょう。

③　指導案を立案する前にすること

　部分・全日実習の指導は、実習園の保育方針などによって異なることがあります。部分・全日実習の予定が決まったら、以下の事項を確認してから立案しましょう。

- ・実習園の保育方針を再度、理解する。
- ・もし可能であれば実習園で立案されている月案、週案を見せていただき、保育の流れを理解する。
- ・指導案の用紙形式は実習園で指定のものがあるかどうか、確認する。
- ・活動内容を実習生が自由に考えてもよいか、確認する（なかには、園で活動内容を指定される場合もある）。
- ・指導案の書き方について、実習園で留意すべき注意事項があるかどうか、確認する。
- ・指導案の提出日を確認する（下書き提出日、清書提出日の確認）。
- ・指導案を何部作成すればよいか、確認する。

　その他、わからないことは、かならず担当保育者に相談することを心がけましょう。

④　指導案を立案する手順　──「中心となる活動」を提案するスタイルの指導案の場合 ──

　具体的な指導案の立案の手順は次のとおりです。

- ①　クラスの状況、子どもの様子（興味や発達）を把握する。
- ②　1日の生活の流れ（部分実習の場合、担当した時間帯の流れ）を考える。
- ③　中心となる活動（主活動）の内容を考える。
- ④　ねらいと内容を設定する。
- ⑤　環境構成を考える（必要な遊具や用具、材料および机やイスの配置、実習生の立ち位置など）。
- ⑥　予想される子どもの姿を考える。
- ⑦　予想される子どもの姿を念頭におき、必要な援助を考える。
- ⑧　中心となる活動の進め方を詳しく考える（導入、展開、まとめ）。

　中心となる活動については、詳細に考えておくことが大切です。そのため、日案のなか（1日の生活の流れ）に詳しく書き込むと見づらくなるので、細案として別紙に書く場合もあります。

　【指導案を書くときの常識】

- ☆　清書はかならず黒ペンで書く
- ☆　ていねいに読みやすい字で書く
- ☆　提出期限を守る

⑤ 幼稚園の指導案の立て方とそのポイント

　初めて書く指導案は、部分実習の指導案（部分案）になるでしょう。幼稚園の部分実習は、降園前の時間帯を担当することが多いようです。これは、帰りの会とか帰りの集まりなどとよばれているもので、クラスで子どもたちと保育者とが集まり、幼稚園での1日を振り返ったり、明日への期待を膨らませたりするための大切なひとときです。1日を楽しい気持ちで終われるように子どもたちの大好きな絵本や紙芝居を見る活動がよく行われており、ほとんどの実習生が帰りの会で紙芝居、絵本の読み聞かせを経験するようです。帰りの会には、そのほかにも、素話、ペープサート、パネルシアター、歌、手遊び、ゲームなどいろいろな活動が行われており、部分実習でもこうした活動にチャレンジする機会があるかもしれません。また、帰りの会だけでなく朝の会や昼食時などを担当したり、慣れてくると1日の中心となる活動を部分実習として行うこともあります。そして部分実習を何回か経験すると、いよいよ1日すべてを担当する全日実習を行うことになるのです。

　このように多くの幼稚園では保育所よりもクラスで集まって活動する回数が多いので、実習園では1日の生活のなかで、どのような集まりの機会があるのかということを、実習の初期段階でよく把握しておきましょう。いずれかの時間帯に部分実習をする可能性があるからです。また、全日実習をするときには、毎日の幼稚園の生活を基本に1日の生活の流れを考え、指導案を立案しなければならないからです。

　そして、そうした時間帯に何を大切にしているのかということも、理解しておくことが必要です。たとえば、帰りの会ではゆったりとした時間のなかで一人ひとりの子どもが心静かに1日の出来事を振り返ることを大切にしていることもあれば、午前中は子どもたちが自由に遊ぶ時間をたくさんとっているので、唯一クラスで集まって活動する帰りの会では、集団で遊ぶ楽しさを味わう経験を大切にしていることもあります。その時期の実習園、担当クラスにおいて、それぞれの活動場面で大切にしていることが理解できていれば、何をどのように進めていけばよいか、適切な内容や援助について考え、指導案を立てることができます。

　また、それぞれの活動場面において、何か決まってやることや決まったやり方があるのかということも具体的に把握して、できるようにしておかなくてはなりません。朝の会、帰りの会では、どのような状態で集まるのか（イスや机は並べるのか、並べ方は決まっているのか）、どのようにあいさつしているのか、当番はあるのか、歌はうたうのかなど、確認することはたくさんあります。1日の生活のなかでいつごろどんな目的でどのように集まり、そのときにどのようなことをどのようにしているのか、子どもが戸惑うことのないよう幼稚園のやり方に習って指導案を立案することが大切です。

幼稚園実習の指導案を立案してみましょう。

　幼稚園でよく行われている部分・全日実習を紹介します。実習日、対象児の年齢、人数、その他の状況はわかる範囲で自分が予定している実習を想定するとよいでしょう。（　　　）は、自分で想定する箇所です。

　　　　※本書の巻末（p.163～164）の指導案用紙を使って、以下にあげた事例からいくつでも選択して指導案を立案してみましょう。用紙は1つの例ですので、養成校で指定されたものでも構いません。

【事例1】部分実習「帰りの会の活動」13：30～13：55

実習日：（　　）月（　　）日（　　）曜日	担当クラス：（　　　）歳児（　　　）名

内　容・帰りの会を担当する。
　　　・降園前のひとときを楽しめるような活動（紙芝居や絵本、歌、ゲームなど）を自分で考えて行う。

HINT 活動を始める前の導入もしっかり考えましょう。

【事例2】部分実習「朝の会」10：00～10：20

実習日：（　　）月（　　）日（　　）曜日	担当クラス：（　　　）歳児（　　　）名

内　容・朝の会を行う。
　　　・内容は、朝のあいさつ、朝の歌、出席調べをする。

HINT 朝の会は各園でさまざまなやり方がありますが、実習園での様子がわかっていれば実習園に習って立案しましょう。わからない場合には、幼稚園の朝の会がどのように行われているか各自テキスト等で学び、立案しましょう。

【事例3】部分実習「昼食」11：30～12：30（おべんとう）および（給食）

実習日：（　　）月（　　）日（　　）曜日	担当クラス：（　　　）歳児（　　　）名

内　容・午前中の活動の片づけを促し、昼食の準備をするところから昼食を終えるところまでの保育を行う。

HINT 朝の会と同様に、実習園のやり方に習って立案するとよいでしょう。わからない場合は、各自テキスト等で学び、立案しましょう。

【事例4】部分実習「その日の中心となる活動」10：00～11：00

実習日：（　　）月（　　）日（　　）曜日	担当クラス：（　　　）歳児（　　　）名

内　容・その日の中心となる活動（提案する活動）を考えその保育を行う。

HINT 子どもの発達や季節等を考慮して活動内容を考えましょう。

【事例5】全日実習「1日の保育」登園時間（　　　　）～降園時間（　　　　）

実習日：（　　）月（　　）日（　　）曜日	担当クラス：（　　　）歳児（　　　）名

内　容・1日の保育を担当し、そのなかで中心となる活動を考え提案した保育を行う。

HINT 子どもの発達や季節等を考慮して、中心となる活動を考えましょう。1日の生活の流れは、実習園に習って立案しましょう。わからない場合は、各自テキスト等で学び、立案しましょう。

⑥　保育所の指導案の立て方とそのポイント

　保育所は、幼稚園と違って保育時間が長く、０、１、２歳児という低年齢の子ども
も対象としているので、幼稚園に比べ１日の生活の流れはゆったりとしています。園
にもよりますが、１日のなかで幼稚園ほどクラスに集まって活動する回数は多くあり
ません。保育所では、多くの園でクラスに集まる時間帯として昼食から午睡にかけて
の部分実習がよく行われています。午睡前は心を静めて眠りに入れるよう、絵本など
の読み聞かせがよく行われており、実習生が午睡前の絵本の読み聞かせを経験します。
この時間帯は、給食の準備から片づけ、午睡前の排泄や着替えなど、子どもたちが生
活しやすいよう環境を整えたり、援助したりすることがたくさんあります。この時間
帯の部分実習では、実習の初期段階でこの時間帯の保育者の動きをよく観察し、何を
どのような順番でどのようにして生活を援助したらよいのか学び、指導案を立てるこ
とが必要です。慣れてくると全日実習も行われますが、保育所の１日は長く、また子
ども一人ひとりによって登園時刻、降園時刻も異なるので、幼稚園のように登園から
降園までの１日すべてを任せられることはほとんどありません。午前の活動から給食、
午睡までの時間帯、午睡後からおやつ、降園準備までの時間帯など、半日ずつ行う場
合が多いようです。保育所の場合は、とくに子どもたちの日々の生活リズムをくずし
てしまうことのないよう実習園のデイリープログラムをよく理解して、指導案を立案
することが大切です。とくに低年齢児の指導案を立てるに当たっては、無理のないよ
うゆったりとした生活の流れを基本としましょう。

　年齢によっては一斉活動することも可能ですが、低年齢児の場合は無理のないよう
担当保育者によく相談しましょう。また、生活への援助は低年齢児に対しては細やか
に考えておくことが必要になります。低年齢児の場合には、とくに安全に留意した援
助が求められますので、発達をよく理解し、どのような安全への配慮が必要になるのか、
指導案の立案にあたっては再度確認しておくとよいでしょう。

⑦　施設の個別支援計画の立て方とそのポイント

　施設は、居住型の場合、24 時間毎日生活しています。ですから幼稚園のように登園
から降園までを１日の区切りとして全日実習をするというようなことはありません。
施設でよく行われる責任実習としては、乳児院や児童養護施設などで遊びや余暇の時
間などを部分的に担当することが考えられます。しかし、障がいをもつ児童のための
施設や児童自立支援施設などでは、特別なケアが必要であり、実習生１人にそれを委
ねることはむずかしく、責任実習をすることはあまりありません。個別支援計画を立
案するにあたっては、施設の生活の流れと留意点をしっかりと確認しておきましょう。
また、ほとんどが宿泊での実習ですから、あらかじめ子どもたちとしてみたい遊びを
考えておき、必要なものを準備してもっていくようにしましょう。

保育所および施設実習の指導案を立案してみましょう。

　保育所および施設でよく行われている部分・全（半）日実習を紹介します。実習日、対象児の年齢、人数、その他の状況はわかる範囲で自分が予定している実習を想定するとよいでしょう。（　　　　　）は、自分で想定する箇所です。

※本書の巻末（p.163～164）の指導案用紙を使って、以下にあげた事例からいくつでも選択して指導案を立案してみましょう。用紙は1つの例ですので、養成校で指定されたものでも構いません。

【事例1】保育所　部分実習「午睡前」11：30 ～ 13：00

実習日：（　　）月（　　）日（　　）曜日	担当クラス：（　　　）歳児（　　　）名

内　容・午睡前に、紙芝居および絵本の読み聞かせを行う。
　　　　・紙芝居・絵本の内容は、子どもの発達や季節等を考慮して自分で選ぶ。

HINT　紙芝居、絵本を始める前の導入もしっかり考えましょう。

【事例2】保育所　部分実習「昼食～午睡前まで」11：30 ～ 13：00

実習日：（　　）月（　　）日（　　）曜日	担当クラス：（　　　）歳児（　　　）名

内　容・昼食前の活動の片づけから昼食準備、昼食、午睡に入るまでの保育を行う。
　　　　・午睡前には、紙芝居、絵本、その他、午睡前にふさわしい内容を考える。

HINT　実習園のやり方に習って立案するとよいでしょう。わからない場合は、各自テキスト等で学び、立案しましょう。

【事例3】保育所　部分実習「その日の中心となる活動」10：00 ～ 11：00

実習日：（　　）月（　　）日（　　）曜日	担当クラス：（　　　）歳児（　　　）名

内　容・その日の中心となる活動（提案する活動）を考えその保育を行う。

HINT　子どもの発達や季節等を考慮して活動内容を考えましょう。

【事例4】保育所　全（半）日実習「半日の保育」登園～午睡まで

実習日：（　　）月（　　）日（　　）曜日	担当クラス：（　　　）歳児（　　　）名

内　容・半日の保育を担当し、その中で中心となる活動を考え提案する。

HINT　子どもの発達や季節等を考慮して中心となる活動の内容を考えましょう。保育所の生活の流れは実習園に習って立案しましょう。わからない場合は、各自テキスト等で学び、立案しましょう。

【事例5】乳児院　部分実習「午後の遊び」15：00 ～ 16：00

実習日：（　　）月（　　）日（　　）曜日	担当クラス：（　　　）歳児（　　　）名

内　容・午後の遊びを担当し、保育する。

HINT　乳児が楽しめそうな遊びをいくつか予想して、それらの遊びにゆったりと自由に取り組めるよう環境や援助を考えましょう。

10. 実習日誌の書き方

関連科目 保育内容総論 保育の計画と評価 保育原理 教育課程論

（1）実習日誌の意義

「実習は楽しいけれど、実習日誌を書くことが大変で……」と多くの実習生が語るように、実習生にとって実習日誌を書くことは、なかなか"大変"なことのようです。たしかに1日の実習が終了した後、疲れた体で毎日、日誌を書くことは容易ではないでしょう。しかし、実習生を苦しめるために実習日誌を課しているわけではないのです。さて、それでは、実習日誌は何のために書くのでしょう。

① 何を観察・体験したのか、漠然とした実習体験を明確にすることができる。

② その日の実習で自分が何を学び得たのかを整理することができる。

③ その日の実習における反省点や疑問点を整理し、明日の実習の課題を見出すことができる。

④ 記録に残るので、実習終了後に読み返すことで実習全体の経過がわかり、実習中には気づき得なかった成果や今後の課題が明確になる。

実習日誌は実習生自身のためになることなのです。実習日誌を書かずに頭のなかだけでこれだけのことをしようと思っても無理でしょう。

（2）実習日誌の形式と書く内容

初めて実習日誌を書くとき、実習生が戸惑うことはまず何をどのように書いたらよいのかということでしょう。

【何を書くの？】

① 「事実」を記述する。

その日、実習で観察したこと、体験したことを書きます。具体的には子どもや保育者の様子、自分の子どもへのかかわりなどです。

② 「気づき・考察・感想・反省」を記述する。

事実から何を学んだのか（気づき）、何を考えたのか（考察）、何を感じたのか（感想）、また反省することや明日の課題などを書きます。

【どのような形式で書くの？】

① 時系列に沿って1日の生活の流れを記述する。

＋

② 具体的な事実とそれに対する気づき・考察・感想・反省などを自由に記述する。

実習日誌の形式は養成校によりさまざまですが、①と②を組み合わせたものがもっとも多く見られる形式のようです（図表4）。しかし、なかには具体的な体験およびそのなかでの気づき・考察・感想・反省の記述を重視し、①の1日の生活の流れを省略して、②の自由記述形式のみの形式もあります。とくに施設実習はそのような形式が多く見られます。

＜図表7＞　実習日誌の実例

月　　　日（　　　）　　　　歳児　　　　　　組 欠席　氏名 出席　男児　　　　名　女児　　　　名				
＜実習のねらい＞				
時間	環境構成	子どもの活動	保育者の援助・留意点	実習生の動き
＜気づき・考察＞				
＜感想・反省＞				

（3）実習日誌を書くための記録のとり方

　日誌は、誰が読んでもわかるように簡潔明瞭に読みやすく書くことが大切です。そのためには、いきなり書きはじめるのではなく頭のなかで1日の出来事を振り返り、朝から順に思い出してみましょう。思い出したことをメモして、日誌に何をどのように書くのかある程度イメージしてから書きはじめるようにするとよいでしょう。

　実習中、メモをとらせていただける場合には、そのメモを頼りにしながら思い出し日誌に書くことをイメージします。しかし、メモをとると子どもとかかわることがおろそかになったり、子どもがメモに集中している実習生に気をとられたりするので、メモをとることが禁じられる実習園もあります。メモが許されていても、これらのことには十分、気をつけることが必要です。すべてをメモしようとするのではなく、細かいことは後で思い出せるようキーワードとなる言葉を簡単にメモするとよいでしょう。よく出てくる言葉は記号にしてメモしてもよいと思います。子どもの見ていないところでさりげなく、メモをとる場所や時間、保育の状況にも気をつけましょう。

 WORK SHEET
ワーク
シート

 自分の記録を書いてみましょう。

1.1日の生活の流れを記録してみましょう。
　子どもや保育者の動きの欄を周囲の人（友だちや先生、家族など）の動きに代えて、あなたの1日の生活の流れを書いてみましょう。

月　　　　日　（　　）　　天気（　　　　　　　）				
時間	環境構成	（　　　　　　）の動き	（　　　　　　）の動き	自分の動き

２．気づき・考察・感想・反省を書いてみましょう。
　　時間の流れに沿って１日の生活の流れを書きまとめることができましたか？　それでは、次にその日１日の具体的な出来事とそれに対する気づきや考察、感想や反省を書きましょう。

①　その日１日の出来事を事細かにすべて記述することはできません。そこで、書く事柄を選択しましょう。

１日のなかで、印象に残った出来事を箇条書きであげてみましょう。
１日のなかで、重点をおいていた出来事を箇条書きであげてみましょう。

②　上にあげた出来事を具体的に記述してみましょう。また、その出来事についての気づきや考察、感想や反省も書き加えましょう。

＜気づき・考察＞
＜感想・反省＞

 自分の記録を見直してみましょう。1日の生活の流れはしっかり書けているでしょうか。

1. 基本的なことですが、文章が正しくしっかり書けているかということはとても大切なことです。自分の記録を読み返し、次にあげる事柄ができているかどうかチェックし、できていない箇所には赤線を引きましょう。

① 誤字、脱字はないか？
② 話し言葉になっていないか？
③ 1文が長すぎて、わかりにくい文章になっていないか？
④ 雑で読みにくい字になっていないか？

2. 記録の内容はどうでしょうか？ 必要なことがポイントをつかんでまとめられているでしょうか？ 次にあげる事柄ができているかどうか自分の記録を見直し、できていない箇所には赤線を引きましょう。

① 生活の区切りをつかんで書く
　1日の生活には区切りがあります。一つ一つの活動が何時から何時ころまで行われたのか、生活の区切りをつかんで、時間の流れに沿って、しっかり記録することが大切です。記入漏れがないか見直してみましょう。

② 環境構成は図も活用してわかりやすく書く
　どのような環境のなかで行われたのか、文字だけで表現することはむずかしいでしょう。何がどのように用意されていたのか、図も活用して書くと、とてもわかりやすくなります。また、どのような理由からその環境を用意したのかということも考えて書けると環境の意味がわかる記録になります。

③ それぞれの動きは、具体的な内容も書く
　何をしたのかだけでなく、どのようにしたのか？ という具体的な内容も書くことでその様子がよくわかる記録になります。たとえば、「食事をした」と書くのではなく、「友だちと会話を楽しみながらゆっくり食事をした」と書いたほうがその様子がよく伝わります。また、どのような会話をしたのか、その会話のなかで何を感じたのか、そしてどのように考えたかなどを書けるとさらによい記録になります。

3．赤線を引いたところに留意しながら、もう一度、１日の生活の流れを記録してみましょう。

時間	環境構成	（　　　　　）の動き	（　　　　　）の動き	自分の動き

 自分の記録を見直してみましょう。 — 考察を深めよう —

answer
P.179

　実習日誌のなかでもっともむずかしいのが"考察"のようです。１日の出来事は細やかによく記述されていても「考察が書けていない」実習日誌をよく目にします。あなたの記録には考察が書けているでしょうか。

　下記の観点から先ほどのワークで書いた「気づき・考察・感想・反省」の記録を読み返し、書き直してみましょう。もし、すでに実習を経験していて実習日誌が手元にある場合には、自分の実習日誌のなかから抜粋してやってみるとよいでしょう。

◎　まず、"考察"について理解していますか？

　"考察"とは、観察、体験したことに対し自分が考えたことを書きます。一つ一つの出来事（子どもや保育者の行為、子どもへの自分のかかわり）についてどのような意味があるのか、自分がこれまで学んできたさまざまな事柄から考えを深めていきます。

① 考察したい出来事が具体的に記述されているか？

　その場面の状況がよくわかっていなければ考察することはむずかしいでしょう。どのような状況のもとで、だれがだれと何をどのようにしていたのか、その場面が思い浮かぶように具体的に記述されていることが大切です。

② 出来事（事実）の記述ばかりになっていないか？

　一つ一つの出来事に対し、「なぜ、なんだろう？」と疑問をもってみてみましょう。疑問をもつことから考えも深まっていきます。

③ 感想ばかりになっていないか？

　ただ感じたことを書くだけでは考察になりません。なぜ、そのように感じたのかを考えてみましょう。また、１つの考えだけでなく、これまで学んだことを思い出し、さまざまな角度から考えてみるとよいでしょう。

上記のような点をふまえて、考察をまとめ直してみましょう。

11. 実習課題の立て方

STEP UP
p.158

（1）実習課題とは

　実習を実りあるよい学習経験とするためには、実習課題を明確にもち、実習にのぞむことが大切です。実習課題とは、大きく分けると、養成校の授業などで課せられる課題と、自分自身で立てる課題の２つに分類されます。

　前者の課題は、実習日誌の提出であったり、レポートや感想の提出であったり、実習の事前事後指導のオリエンテーションや授業で養成校および先生より、あらかじめ課せられる課題です。場合によっては、園側からも課題が出されることもあります。実習前には、どのような課題の提出があるのか整理し、課せられた課題をきちんとこなすことができるように実習にのぞみましょう。

　後者の課題は実習に行く前に自分自身で考えて立てる課題です。前者の課題との大きな違いは、だれかに課せられるものではなく、「自分で考え立てる」ということです。自分自身にとって、実習を有意義なものにするためには、この実習課題をしっかり立てることがとても重要なのです。ここでは、自分で立てる実習課題の立て方について考えていきます。

（2）実習課題の内容

　では、具体的に実習課題の内容には、どのようなことをあげたらよいのでしょうか。実習課題といきなり言われても具体的な課題内容をあげるのは案外むずかしいものです。実習生のあげる実習課題で「元気にがんばる」という表現をよく見かけます。「元気にがんばる」ことが悪いわけではありませんが、「がんばる」というのは意気込みであって、課題ではないことに、まず注意してください。さらに、この表現には、何をがんばるのか、どのようにがんばるのか表記がなく具体性にかけます。たとえば、消極的な学生であれば、「自分から積極的に元気にあいさつをし、親しみをもってもらえるよう心がける」など、「何をどのように」という部分を考えて入れるだけでも、具体的になっていくはずです。また、この「何をどのように」ということは、実習生一人ひとりよって異なり、それらを明確に入れることで、自分なりの実習課題をもつことができるでしょう。

　ほかにも「乳児保育について学ぶ」などの大きな課題を立てる実習生も見かけます。

このような課題も見栄えはよいですが、当然、実習中に「乳児保育」すべてを学ぶことはできません。この場合も、「乳児保育」のどこを実習中に学びたいのか、より具体的に示すことが大切です。実習ではじめて乳児に接する実習生であれば「０歳児の１日の生活の流れをしっかりと観察し、保育者の援助の際の配慮点について学ぶ」など、自分の実習経験と合わせて、具体的な内容にしていくとよいでしょう。

（3）実習課題を見つける ── 自分自身の振り返りから ──

前述したように、実習課題は、「具体的」にかつ「自分自身に合った」内容を盛り込むことが大切です。実習生一人ひとり、経験も価値観も得意不得意も違うものです。同じ人間であっても、１回目の実習と２回目の実習では、経験も視点も変わり、あらたなそのときの自分に合った課題があるはずです。このようにだれのものでもない「自分自身の学びにつながる実習課題」を見つけましょう。

まず、そのためには、現状で「自分はどのような保育観をもっているのか」、「自分はどのような保育者になりたいのか」、「自分には、どのようなところがあり、どのようなところが足りないのか」などをしっかりと振り返ることも大切です。教科書にのっているような課題ではなく、今の自分に合った「実習課題」を見つけましょう。

（4）実習課題を立てる

実習経験の違いによって、もつべき課題の内容は変わります。初めての実習で、見学・観察実習が中心の場合、２回目以上の実習でほとんどが参加実習の場合、終盤の実習で責任実習も多く含まれる場合では、もつべき実習課題も当然変わってくるでしょう。各段階に応じた実習課題について、次に説明しますので、自分のレベルと照らし合わせながら、各実習段階に見合った「自分の実習課題」をまとめましょう。

① 見学・観察実習中心の実習課題 ── 初期段階の実習課題 ──

実習の初期の見学・観察実習中心の場合は、子どもや保育者の動きを観察することが中心になります。同じ観察するにも、明確な課題をもって観察するのとしないのでは見えてくる部分にも違いも出てきます。5歳児クラスの見学・観察実習が中心の場合、「子どもたちの遊びを観察する」という実習課題では、具体性に欠け、遊びのどの部分を中心に観察すべきかとてもあいまいです。5歳児の特徴を見直し、子どもたちのどのような遊びのどのような様子を観察したいかを具体的にまとめるとよいでしょう。

② 参加実習中心の実習課題 ── 中期段階の実習課題 ──

実習も中期段階になると、実際に保育に参加していく参加実習が中心になります。参加実習時の実習課題に①のような課題を立ててしまってはものたりない課題となっ

てしまいます。3歳児クラスをおもに担当し実習する際、「保育者の援助の仕方を学ぶ」という実習課題を立てたとします。見学・参加の場合より課題は進んでいるように思えますが、参加実習の場合、実際に自分自身も保育に参加するわけですから、保育にどのように参加したいのか、子どもたちにどのような援助をしたいのか、より踏み込んだ課題を立てたほうが、具体的な課題になるでしょう。

③ 責任実習も多く含む終盤の実習課題 ── 終盤のまとめの実習課題 ──

実習も何度か行い、終盤の実習になると責任実習も多く行わせてもらうまとめの実習となります。実習初期よりも実習園や担当クラスの全体が見通せるようになってきているのではないでしょうか。実習課題もより保育者としての立場に立った課題をもちたいものです。責任実習を任される機会も多いことでしょう。担当する子どもの発達の様子などを考慮した課題を立てましょう。その前後の子どもたちの様子を事前にうかがえるようなら、聞いておくとより具体的な課題が立てられるでしょう。

（5）実習課題の実際 ── 先輩の立てた実習課題 ──

実習課題とはどのようなものなのか、どのように立てるのか、理解できたでしょうか。たとえ頭のなかで理解できたとしても、いざ自分が立てるとなると初めはなかなかむずかしいものです。まずは、実習で何を学んだらよいか、基本的なことを理解していますか。実習で学ぶべきことを確認しておきましょう。

<図表8> 実習で学ぶべき事柄

① 実習園・施設について	○幼稚園、保育所、認定こども園、施設の機能や役割 ○実習園・施設の沿革、方針、特徴 ○実習園・施設内の環境及び地域環境 ○実習園・施設の人的環境　　など
② 対象となる子ども・利用者について	○子ども・利用者の園（施設）生活 ○子どもの遊び・活動、利用者の訓練・活動 ○子どもの仲間関係 ○子どもの発達 ○子ども・利用者一人ひとりの特徴　　など
③ 保育および施設養護について	○1日の生活の展開 ○保育の内容、施設養護の内容 ○作業、訓練、治療等の内容と方法 ○子ども・利用者の生活への援助 ○子どもの遊び、活動への援助 ○清掃、保健安全、生活上必要な整理整頓などの環境整備 ○遊び、活動のための教材準備や環境構成 ○指導計画、支援計画の立て方とその実際 ○職員同士のチームワーク ○家庭との連携 ○子育て支援　　など

前ページにあげた「実習で学ぶべき事柄」は、ぜひとも実習で学んできてほしい基本的な項目です。実習課題を立てるときには、前述したように実習の段階や実習園に合わせてより具体的に考えましょう。また、自分の興味や関心に基づき自分自身の課題として考えます。

　それでは、実際に先輩が立てた実習課題を見てみましょう。先輩方も最初からうまく課題を立てられたのではありません。養成校で指導を受け修正していきます。

実習課題例1「実習生Sさんの場合」：幼稚園実習1回目（観察・参加実習中心）

（修正前）

　　初めての幼稚園実習に当たり、以下の課題をもって積極的に実習に取り組みたいと思います。
　①　園の保育方針、環境を知り、実習園についての理解を深める。
　②　登園から降園までの子どもの1日の生活の様子について学ぶ。
　③　子どもと積極的に遊ぶことを通して子どもの遊びの様子について学ぶ。
　④　3、4、5歳児の発達の様子について学ぶ。
　⑤　保育者の子どもへの援助について観察し、自らも実践を通して学ぶ。
　⑥　環境整備や教材準備について学ぶ。

養成校での指導・修正

（修正後）

　　実習は、大学での学びとは異なり、実際の保育現場で体験を通して実践的に学ぶことのできる貴重な機会であると思います。大学では、これまで基本的な保育の理論や技術について学んできました。これらの学びを踏まえ、実際の保育現場ではどのように保育が実践されているのか、しっかり学びたいと考えています。積極的に子どもとかかわることを通して子ども理解を深め、意欲的に保育の仕事に参加させていただくことを通して保育について実践的に学んでいきたいと思います。初めての幼稚園実習に当たり、以下の課題をもって実習にのぞみたいと思います。

1.　実習園についての理解を深める
　　　実習園の保育方針を知り、その方針に基づいた保育内容や方法について理解する。また、どのような施設、設備が整えられているのか、実習園の物的環境について観察し、園の施設、設備が子どもたちの園生活においてどのような意味をもっているのかについて考えたい。
2.　子どもの園生活の様子について学ぶ
　　　子どもとともに生活することを通して、子どもたちが登園してから降園するまでどのように過ごしているのか、園の1日の生活の流れについて理解する。3、4、5歳児それぞれの生活について詳しく観察し、発達に応じた子どもの1日の生活

の流れを学びたい。また、子どもの生活の中心でもある遊びに着目し、子どもた
ちがどのような遊びを楽しんでいるのか、詳しく観察するとともに、子どもといっ
しょに遊びながら子どもが遊びを通してどのような体験をしているのか、それが
子どもの発達にどのようにかかわっているのかを考えたいと思う。
3．子どもへの援助について学ぶ
　　保育者が子どもたちにどのようにかかわっているのか観察する。自由な遊びの
場面では、それぞれの子どもたちの遊びをどのように見守ったり、かかわったり
しているのか、実際に自らもかかわることを通して遊びへの援助について学んで
いきたい。また、集団での活動の進め方やそのときの子ども一人ひとりへの援助
の実際や留意点を学びたい。
4．環境整備や教材準備について学ぶ
　　保育前後の環境整備を実際に体験し、園内の安全および保健衛生への配慮につ
いて学ぶ。また、保育の充実のためにどのような教材を準備しているのか、また
その教材が実際の保育のなかでどのように活用されていくのかについて学びたい。
5．絵本の読み聞かせについて学ぶ
　　子どもたちがどのような絵本を楽しんでいるか、保育者が子どもたちに読み聞
かせる絵本をどのように選んでいるのかについて学びたい。また、保育者の読み
聞かせの様子をよく観察し、子どもたちをひきつける読み聞かせの実践について
学ぶ。

実習課題例２「実習生Ｈさんの場合」：保育所実習２回目（参加・責任実習中心）

修正後

　１回目の保育所実習ではさまざまな反省が残りました。今回、２度目の保育所実習に
当たり、これらの反省を踏まえ、さらに学びを深めることができるよう、以下の課題をもっ
て実習にのぞみたいと考えています。
1．子どもの発達について
　　子ども一人ひとりの発達の様子について具体的に学ぶ。また、子ども一人ひとり
の発達に応じた援助について実践を通して学びたい。
2．子ども理解について
　　子ども一人ひとりの内面について理解を深め、子どもの気持ちを受け止めてか
かわっていきたい。
3．運動会について
　　運動会のための準備、運動会へ向けての保育の展開、運動会当日の様子につい
て学ぶ。
4．責任実習について
　　前回の実習での反省を踏まえ、保育の計画、準備、実践について学ぶ。
5．子育て支援について
　　保育所においてどのような子育て支援がなされているのか学ぶ。

修正後

　　１回目の保育所実習では、保育所での子どもの発達や生活の様子、子どもの園生活を支える保育者の役割、仕事について体験を通して学ぶことができました。今回、２度目の保育所実習に当たり、これまでの大学および実習での学びを踏まえ有意義な実習となるよう明確な課題をもって実習にのぞみたいと考えています。

　　まず、１番目の課題の子どもの発達についてですが、前回の実習では０歳児から５歳児までの一般的な発達の様子について実際の子どもたちの姿から学ぶことができました。しかし、詳細に観察すると同じ年齢であっても子ども一人ひとりその発達の姿は異なります。今回の実習では一般的な子どもの発達ではなく、子ども一人ひとりの発達の姿を詳しく観察し理解できるようにしたいと思います。また、子ども一人ひとりの発達に応じた援助について実践を通して学んでいきたいと思います。

　　２番目の課題は、子どもの内面理解を深めることです。前回の実習では子どもはどんなに小さくても一人ひとりさまざまな思いをもって生活していることが実感されました。しかし、表面に表れる言葉や行動だけで子どもの内面を理解することはたいへんむずかしいことも同時に痛感いたしました。今回の実習では、より深い子どもとのかかわりを通して、子ども一人ひとりの内面を少しでも理解できるように努めたいと思います。その上で、子どもの内面を受け止め、その子どもの成長にとって何が大切であるかを考えながら援助していきたいと思います。

　　３番目は、運動会行事について学ぶことです。運動会という大きな行事を行うためにどのような準備がなされているのか、運動会という行事に向けてどのように保育を展開していくのか、保育に参加しながら学びたいと思います。また、運動会当日の子どもの様子や保育者の仕事、さらには保護者の様子についても学び、保育所における運動会行事の意味について考えたいと思います。

　　４番目は、自ら指導計画を立案し、保育の準備、実践を行うことです。前回の部分実習では、計画の段階で子どもの姿が具体的に予想されていなかったこと、事前準備が不十分だったこと、集団の子どもの前で話すときの声の大きさや話し方に自信が見られなかったこと、など多くの反省が残りました。これらの反省を十分に踏まえ責任実習にのぞみたいと思います。

　　５番目は、地域の子育て支援の実際について学ぶことです。保育所は子どもだけでなく保護者へのさまざまな支援が必要であることは前回の実習で学びました。今回は、在園児の保護者への支援だけでなく、地域の方々への子育て支援としてどのようなことがなされているのかその実際について学び、保育所の役割について考えたいと思います。

　このように、まず自分自身で実習段階に見合った実習課題を立ててみましょう。その後、養成校で指導を受けながら、立てた実習課題を見直し、修正していくことによって、より具体的な実習課題にしていくとよいでしょう。先輩方の修正例を参考にしながら、自分自身の実習課題をしっかりと立て、実りある実習となるようにしましょう。

1 実習課題を考えてみましょう。本文の図表8「実習で学ぶべき事柄」
（p.95）を参考にしながら実習で学びたい項目をあげてみましょう。

　学びたい項目は、実習園、実習の段階に見合ったものを考えましょう。ここでは、実習の
段階を初期段階として、見学・観察実習および参加実習を中心とした実習と仮定しましょう。
項目があげられたら、自分の興味、関心に基づいてより具体的にしていきましょう。

実習先	幼稚園・保育所・施設（施設名：　　　　　）
実習の段階	見学・観察実習　　参加実習

学びたい項目　　➡	具体的に書く
＜例＞ 　　子どもの仲間関係について	・友だちとどのように遊んでいるか ・保育者が子ども同士の関係をどのように援助しているか ・年齢ごとの仲間関係の違い

2 実習課題を書いてみましょう。エクササイズ1であげたことを整理し、実習課題を完成
させましょう。（p.165 の巻末キリトリシートに記入し、担当の先生や友だちと確認しましょう）

巻末キリトリシート

12. 実習直前準備

（1）実習の事務手続き　── 実習までの流れ ──

　実習は基本的には養成校が各園や施設に依頼し、行わせてもらっていることであり、その内容については前述してきました。ここでは具体的にどのような手順で、実習を受け入れてもらい、開始できるのか、またそれに付随する実習生が行わなければならない事務手続き等について、一般的な流れを例にあげ、説明していきたいと思います（詳細は、各養成校によって異なりますので、実習オリエンテーション時などに確認しておきましょう）。

①　実習希望園について

　実習希望園については養成校から配属される（実習生が選べない）場合と、学生が自分で決める場合があります（養成校や実習先により異なる）。

　養成校側から、配属される場合は、基本的に実習生は選ぶことはできませんので、養成校の指示に従いましょう。

　実習生自身で決める場合は、とくに、保育所の場合、認可保育所であるか、保育実習Ⅰの施設は入所施設または通園（所）施設であるか、自宅からの通勤経路などを確認しておきましょう。自分で依頼を行う際には、後述のオリエンテーションの電話のかけ方を参考に失礼のないようにしましょう。養成校によっては、園側の内諾書が必要な場合もありますので、実習担当の教員とよく相談しておきましょう。

②　実習関係書類の作成

　個人票・実習生紹介・実習配属カードなど、養成校によってさまざまな書類の提出が求められます。なかには実習園へ提出するものも含まれています。書類提出の期限はかならず守り、書類内表記の文字の誤字脱字に注意し、ていねいに記入しましょう。写真などを添付する場合は、髪型・髪色・化粧・服装などに留意して先方によい印象を与えるよう配慮しましょう。

③　健康診断書、細菌検査証明書の準備

　保育所の場合、養成校での健康診断を受診していない場合は、医療機関での受診が必要となります。とくに、細菌検査証明書は、提出しないと保育所実習は受けられません（間に合わない場合は、提出があるまで実習延期となるのが一般的です）。

④ 実習園の資料の閲覧

　実習園の情報を得ることは、充実した実習にするためには、大切なことです。実習園の方針、規模、沿革など、あらかじめわかることは調べておくと、オリエンテーションにうかがった際の説明がわかりやすくなります。何ごとも予習が大切ということでしょう（先輩の残した記録や学内の資料、インターネットなどで調べましょう）。

⑤ 実習園に関する情報を提供

　一般的には、実習中、養成校の担当の先生が実習巡回に園を訪問します。1人の先生が何人もの実習生を担当し、園や施設を巡回しますので、養成校から配属された実習園でも、実習生自身で依頼した実習園でも、電話番号、地図、実習期間中の行事などの情報を養成校側にきちんと伝えておかなければなりません。各養成校にも規定の書式の用紙（実習巡回資料、実習巡回指導資料）があると思いますのでかならず提出しましょう（本書「巻末キリトリシート」に「実習園について」の用紙がついていますので、規定の書式用紙のない場合は利用しましょう。このシートは、実習巡回資料にもなります。p.167）。

（2）オリエンテーションについて

　規定の書類等が整い、実習の受け入れが決まったら、いよいよ実習のはじまりです。実際に実習がはじまる前、実習園との打ち合わせを行い、実習のために必要な情報を得るのがオリエンテーションです。このオリエンテーションは、実習が決まったら、実習生が実習園と直接連絡をとり、実習前に日時を決めて行うのが一般的です。園側の情報を得る大切な機会であり、はじめて園をたずね、先生方にあいさつをする場にもなります。オリエンテーションでは、きちんとした態度、身だしなみで、得たい情報は何か事前にまとめておくことが大切です。以下、オリエンテーションの流れの手順にしたがって、留意点などを確認していきましょう。

① オリエンテーションの日程の決定

　オリエンテーションを受けるために、実習園と日程調整を行います。実習の2～3週間前くらいにオリエンテーションを受ける場合が多いようです。養成校から配属された場合は、はじめて、直接、園へ電話をすることとなります。電話のかけ方、敬語の使い方など、実習を依頼している立場を忘れず、ていねいに連絡をとりましょう。

② オリエンテーションを受ける

　オリエンテーションから実習がはじまっています。園の特徴としての保育方針、保育の特徴、1日の流れ、行事、子どもや保育者の呼び方などの園としての決まりごとについて説明があるはずです。かならずメモを取りましょう。必要事項は、オリエンテーション時に確認しておきましょう。持ち物、実習期間、始業終業時間、弁当・給食、

下駄箱・ロッカー、服装、実習初日の集合場所について等を確認し、実習開始時に困らないようにしましょう。

③　実習園の見学

　園の見学、見学実習をさせていただく。実習前に園および施設の配置を知っていることは、スムーズな実習の開始のために大切です。とくに見学実習（園内を見てまわるだけより、可能であればしばらくクラスに入れていただき見学させてもらう）は実習園に慣れるために有効です。先方の了解が得られれば、ぜひ見学実習をさせていただきましょう。

④　オリエンテーション終了後

　オリエンテーション終了後は、かならず得てきた情報について確認しましょう。確認後、養成校側に提出の報告書や実習園の地図等の提出物の作成を早めにすませ実習前に、あわてないようにしましょう。また、オリエンテーション時に得た情報は、実習日誌に必要事項を記入しましょう。

（3）実習開始のための準備

　実習前は、持ち物の準備や服装などの目先の準備にどうしても気がとられてしまいがちです。実習前には、もう一度下記のような事項について確認しておきましょう。

　健康管理はできていますか。子どもから移りやすい感染症に罹患していない、または予防接種を受けていないもの（麻疹、おたふく風邪、水疱瘡、風疹等）やインフルエンザなどの予防接種等はすませましょう。生活リズムも朝型に整えておきましょう。

　実習日誌の必要事項は記入してありますか。学校名、氏名など表紙の記入事項、オリエンテーションの報告、実習予定、実習課題、実習1日目のねらい、評価表や出勤表の必要事項など、記入もれがないか確認しましょう。

　幼稚園教育要領、保育所保育指針をもう一度読み直しておきましょう。そのほか、子どもの発達について理解することはとても大切です。とくに保育所の場合、就学前まで、施設の場合は高校卒業時までの児童がいます。発達心理学（保育の心理学）、青年心理学のテキストやノート、参考書を見直しておきましょう。

 実習前にはもう一度確認 !!

　実習前に下記の内容について再度確認しておきましょう。
・手遊び5つ、絵本5冊、紙芝居3つ程度は準備しましょう。紙芝居は図書館で借りることもできます。
・障害児保育のノート、テキストを見直しておきましょう。保育実習、施設実習ともに障がい児に出会うことが多くあります。発達途上にある子どもとして見る視点を大切に、障がいの種類や留意点なども確認しておきましょう。
・日常の生活をもう一度見直しましょう。掃除、洗濯、食事のルール、睡眠や衣服の管理など、自分の生活はきちんとできているでしょうか。保育者は子どもの生活を援助する仕事です。まず自分の生活をしっかり見直し、生活技術を身につけましょう。

① 実習生の心構えについて、確認ができたら、□のなかにチェック☑を入れましょう。

守秘義務を理解していますか（実習中、見たり聞いたりしたことは園外で話してはいけない）。	☐
実習園へのアクセスは確認していますか。	☐
実習園の電話番号は控えていますか。	☐
実習園のオリエンテーションを受ける予約はできていますか。	☐
実習日誌の用意はできていますか。	☐
日誌の記載方法はわかっていますか。	☐
出勤簿の用意はできていますか。	☐
印鑑の用意はできていますか。	☐
名札とエプロン（ネーム入りエプロン）の用意はできていますか。	☐
エプロンのポケットにハンカチ、ティッシュが入っていますか。	☐
出勤時間は確認していますか。	☐
余裕をもって出勤できる時間に起きられるよう生活のリズムを整えていますか。	☐
親しい友人や家族には実習中、スマートフォンや携帯電話を使えないことを伝えていますか。	☐
部分実習に備えて、実技の種目や演じ方などの準備ができていますか。	☐
子どもの前で自己紹介をする準備はできていますか。	☐
実習中、必要なメモ用紙、筆記用具の準備はできていますか。	☐
健康診断、細菌検査の書類の準備はできていますか。	☐
施設実習で宿泊する場合、生活必需品や常備薬の用意はできていますか。	☐
実習中、養成校の連絡先、電話番号は控えていますか。	☐
給食費等の支払い時期、金額は知っていますか。	☐
はし、コップなど、持参する必要のあるものの確認はできていますか。	☐
実習中の上履き、外履き（運動靴）の用意はできていますか。	☐
子どもと仲よくなるための歌やかんたんな遊びなどの用意はできていますか。	☐
園のデイリープログラムを知っていますか。	☐
園生活に取り入れられている歌や体操を知っていますか。	☐
仕事を頼まれたときは復唱して確認するよう心がけられていますか。	☐

2 実習生としてのマナーについて、確認ができたら、□のなかにチェック☑を入れましょう。

子どもを傷つけないよう爪はきちんと切っていますか。	☐
ヘアカラーやヘアスタイルは、自然な清潔感のあるものになっていますか。	☐
髪型は子どもの顔にかからないようにまとめる、切る等の工夫や配慮ができていますか。	☐
保育中、アクセサリーをつけてはいけないことを理解していますか。	☐
表情がわかりにくくなる奇抜な濃い化粧ではなく、保育の場に似つかわしい自然な化粧はできていますか。	☐
実習園の保育者に準じた実習中の服装の用意ができていますか。	☐
靴のかかとは踏みつけたりせず、実習に適した靴が準備できていますか。	☐
相手や時間・場所にあったあいさつをすることができますか。	☐
若者言葉ではなく標準語で会話をする習慣が身についていますか。	☐
目上の方に適切な敬語を使うことができますか。	☐
タバコを吸う習慣のある学生は、禁煙の習慣をつけていますか。	☐
出退勤のあいさつはきちんと行うことができますか。	☐
実習中に固まっておしゃべりしないよう実習生同士で確認できていますか。	☐
環境整備（掃除、片づけなど）は積極的に手伝おうとする心構えはもてていますか。	☐
保育者が忙しいときには指示を待つのではなく「何かお手伝いしましょう」と声をかけることができますか。	☐
保育者に断りなく子どもを連れ出してはならないことを理解していますか。	☐
送迎時の保護者に明るくあいさつ（いってらっしゃい、お帰りなさい）をすることができますか。	☐
弁当が必要な場合、コンビニの容器のまま持参してはいけないことを理解していますか。	☐
実習園の近くの店でデートや友だちとのおしゃべりはしないよう確認していますか。	☐
実習中のアルバイトは休みにしていますか。	☐
実習中、スマートフォンや携帯電話を使用してはいけないことは理解していますか。	☐

CHECK SHEET
チェックシート

 実習直前に実習事務手続きに関するチエックをしましょう。確認ができたら、□のなかにチェック☑を入れましょう。

担当の教員と実習について相談を行いましたか。	□
実習生調書を書き、提出しましたか。	□
健康診断を受けましたか。	□
細菌検査を受けましたか。	□
実習巡回資料を提出しましたか。	□

2 オリエンテーションのための電話のかけ方に関するチエックをしましょう。確認ができたら、□のなかにチェック☑を入れましょう。

2人以上で行く場合、代表の1人がかけるようにしていますか。	□
伝えること、聞くことをあらかじめメモをしていますか。	□
電話をかける場所は静かなところですか。また、メモの準備はできていますか。	□
携帯でなく、家の電話や公衆電話でかけるようにしていますか。	□
かける時間帯を配慮し、今、話してよいかどうか相手の都合を聞くようにしていますか。	□
学校名・氏名をまずはっきり伝えるよう心がけていますか。	□
実習担当者はだれであるかを確認していますか。	□
担当者へのあいさつと伝える内容の確認ができていますか。	□
オリエンテーションの日程等が決まったら、復唱するように心がけていますか。	□
持ち物・見学の有無など、聞きたい内容はまとめていますか。	□
相手の話をきちんと聞けるよう落ち着いて電話をかけることができますか。	□
返答は、はっきりとわかりやすく伝えるよう心がけていますか。	□
正しい敬語を使えるよう練習していますか。	□
お礼のあいさつを伝えることを忘れていませんか。	□
電話を切るときは相手が切るのを待ってから電話を切ることは知っていますか。	□

3 実習前に実習園との打ち合わせを行い実習のために必要な情報を得ます。オリエンテーションで得たい情報は何かあげてみましょう。

1.	
2.	
3.	
4.	
5.	
6.	
7.	

4 オリエンテーションで聞いてくる事項のチェックです。かならず聞いてきましょう。確認ができたら、□のなかにチェック☑を入れましょう。

実習期間・出退勤時間をきちんと確認してきましょう。	☐
園の概要（方針・沿革・規模・クラス編成など）を聞いてきましょう。	☐
実習の計画を確認し、聞いてきましょう（責任実習の日程など）。	☐
実習1日目の指導をしていただく担任保育者や配属クラス等を確認してきましょう。	☐
園のなかの見学をしてきましょう。（可能であれば、保育を見学させてもらいましょう）	☐
実習園の注意事項について確認してきましょう。	☐
実習に際し、必要な持ち物を聞き、きちんとメモしてきましょう。	☐
実習課題について相談してきましょう。	☐
実習1日目の必要事項を確認してきましょう（実習生の下駄箱・ロッカー・集合場所など）。	☐

5 オリエンテーションが終わったら、先に確認した実習課題とあわせて、実習園の概要について、巻末のシート（p.167 ～ 168）にまとめましょう。

巻末キリトリシート

 幼稚園実習前に確認しておきたいことの一覧です。下記の項目について準備等ができているか、□ のなかにチェック ☑ をしましょう。

健康診断は受けていますか。	□
幼稚園教育要領を読み直しましたか。	□
各領域のテキストやノートは見直しましたか。	□
３歳児から５歳児の子どもの発達の様子についての関連科目のテキストを読み、復習しましたか。	□
部分実習指導案および日案など、予定されている責任実習の指導計画を事前に立ててみましたか。	□
すぐできる手遊びを５つ以上準備していますか。	□
絵本、紙芝居、その他、手づくり教材などは準備し、練習していますか。	□
童謡など子どもたちが親しめる歌のピアノ伴奏が弾けるよう練習していますか。	□
実習日誌の書き方について、講義の内容を見直していますか。	□
実習課題は明確に立てられていますか。	□
実習の心得は再確認していますか。	□
髪を染めている人は、髪の色を自然な色に戻していますか。	□
マニキュアはとり、爪は短く切っていますか。	□
事前の園でのオリエンテーションで、諸注意を確認し、実習初日に困らないよう確認していますか。	□
実習期間や日数、実習中の予定は確認していますか。	□
巡回指導教員へあいさつはすんでいますか。	□
実習に必要な持ち物は確認し、用意していますか。	□
名札は準備していますか。	□
実習前から早寝、早起き、規則正しい食事などに留意し、健康管理に努めていますか。	□
養成校（実習指導教員）の連絡先は確認していますか。	□
実習園の連絡先（電話番号、住所等）は確認していますか。	□
止むを得ない欠席、遅刻、早退の場合の対応は確認していますか。	□

保育所実習前に確認しておきたいことの一覧です。下記の項目について準備等ができているか、□ のなかにチェック ☑ をしましょう。

予防接種は受けていますか。	□
保育所保育指針を読み直しましたか。	□
保育の心理学、保育原理のノート、テキストを見直しましたか。	□
部分実習指導案など、指導計画を立ててみましたか。	□
実習日誌の書き方について、講義の内容を見直していますか。	□
実習課題を設定し、保育所の担当者と打ち合わせていますか。	□
実習に関する心構えをもう一度見直しましたか。（学校内での注意事項）	□
手遊び５つ、絵本５冊、紙芝居３つを準備していますか。	□
髪を染めている人は、髪の色を自然な色に戻していますか。	□
マニキュアはとり、爪は短く切っていますか。	□
自分の日常の生活や保育技術を見直し、苦手な部分に気づき、準備や練習をしましたか。	□
実習に必要な持ち物は確認し、用意していますか。	□
障害児保育のノート、テキストを見直しましたか。	□
事前の園でのオリエンテーションで、諸注意を確認し、実習初日に困らないよう確認していますか。	□
実習前から早寝、早起き、規則正しい食事などに留意し、健康管理に努めていますか。	□
実習期間や日数、実習中の予定は確認していますか。	□
５領域や基本的生活習慣について確認していますか。	□
ピアノのレッスンはしていますか。（実習園で日常的にうたう「朝の歌」「帰りの歌」など）	□
自己紹介の練習はしていますか。	□
実習園への通勤経路について確認していますか。	□
養成校（実習指導教員）への連絡先は確認していますか。	□
実習園の連絡先（電話番号、住所等）は確認していますか。	□
止むを得ない欠席、遅刻、早退の場合の対応は確認していますか。	□

③ 施設実習前に確認しておきたいことの一覧です。下記の項目について準備等ができているか、□ のなかにチェック ☑ をしましょう。

社会的養護のテキスト、ノートを見直し、虐待やトラウマ等について勉強していますか。	□
生活力を基盤にした保育の原点を考え、自分の生活を見直しましたか。	□
児童心理や青年心理のテキスト、ノートを見直していますか。	□
障がい者の心理や障がい者福祉について、テキスト、ノートを見直していますか。	□
障がい者福祉の原点、ノーマライゼーションを学び直し、実習への態度を認識しましたか。	□
実習施設の抱えている問題について調べ、まとめていますか。(例:乳児院、知的障害児施設等)	□
実習日誌の書き方について（保育所・幼稚園実習と書式が異なることが多い）確認していますか。	□
実習課題を設定し、施設の担当者と打ち合わせていますか。	□
生活のなかで子どもたちといっしょに遊べる遊びをいくつか準備していますか。	□
実習に関する心構えをもう一度見直しましたか。（学校内での注意事項）	□
髪を染めている人は、髪の色を自然な色に戻していますか。	□
マニキュアはとり、爪は短く切っていますか。	□
個別支援計画について、その意義などを学び直し、記録の大切さなどの確認はできていますか。	□
宿泊実習の際、環境が一変するため体調を崩さないよう、事前の健康管理はしっかり行っていますか。	□
宿泊実習の際、必要な持ち物をチェックし、とくに保険証等を忘れないように注意していますか。	□
貴重品をもたないように持参品は点検していますか。	□
実習前、施設に荷物を送りたい場合、施設に事前に確認をとったり、迷惑のかからない時間等を確認していますか。	□
宿泊実習の際の留意点、とくに宿泊施設での清掃、火の始末（とくに電気器具）、ルールなどを確認していますか。	□
宿泊にかかる費用等を確認し、実習施設にきちんと支払えるよう準備していますか。	□
自宅に実習先の連絡先（電話番号、住所等）は連絡していますか。	□

13. 実習生として守るべきこと

　園や施設に入り、保育に携わるということは、実習生とはいえ、保育者と同様の責任の一端を担うこととなります。子どもからみれば、実習生も「先生」です。保育者と同様のかかわりを求めてもくるでしょう。実習生だから仕方がないと許されることはないのです。以下、実習に行った際、これだけは守らなければならない事項について説明していきますので、しっかりと確認してから実習にのぞんでください。

（1）「守秘義務」について

　児童福祉法第18条の22には、「秘密保持義務」として、「保育士は、正当な理由がなく、その業務に関して知り得た人の秘密を漏らしてはならない。保育士でなくなった後においても、同様とする」と規定されています。実習生であっても保育者と同じ義務を負っています。実習で知り得た情報を帰宅後、家族や友人にぜったい話してはいけません。ただし、養成校での報告会などで、全員が守秘義務を守ることが前提で行われている場合は、これにあたりません。事例として報告したり、みんなで学び合うことも大切です。

（2）「安全」について

　日常、もっとも気をつけなければならないことが「安全」です。子どもたちは危ない遊びや危険な場所が好きです。ケガや事故などには十分注意しなければなりません。実習中、次のようなことに目を向け注意しましょう。

① 実習生が加害者にならないように

　子どもとかかわったり、遊んだりした経験の少ない実習生ですと、子どもが次にどのような動きをするか予測できないものです。たとえば、後ろにさがるときには注意しないと、走ってきた子どもとぶつかることがあります。ぶつかってしまった場合、当然、実習生ではなく、小さな子どものほうがダメージを大きく受けてしまいます。ひざをついての食事介助の際なども、歩いてきた子どもが足に躓いて転ぶなどの事故が起きるケースもありますので、気をつけましょう。乳児の場合も同様に、ハイハイしてきた乳児の手足を踏んだりすることもあるので、子どもや赤ちゃんがまわりにい

ないかどうかつねに把握しましょう。

　乳児室に入るときは、身に着けるものにも気をつけましょう。ピンやとがったものを着けていると、子どもを傷つけてしまいます。また、爪も同様にケガの原因になりますので、つねに短く切っておきましょう。乳児室での保育をするときには、洋服のボタンなどが取れないかも確認しましょう。ボタンが落ちて　乳児が誤飲し、窒息事故などが起こる可能性があるからです。実習中に取れそうなボタンがあることに気づいたら、付け直す時間がなければ、安全を考えてとってしまうほうがよいでしょう。

②　危険防止のための園のルールを知り、守る

　園では、子どもを危険から守るためさまざまな配慮がなされています。扉の施錠や物品の管理、アレルギー・てんかん・心臓病などの病気を抱える配慮が必要な子どもへの対応など、危険防止のために必要なルールがあります。各園が配慮しているルールや対応についてきちんと理解し、実習生として対応できるようにしましょう。

　このようなことを理解していないと、たとえば、アレルギーがある子どもに除去食でないものを配膳してしまったり、心臓病の子どもに「がんばれ、がんばれ」と励まして走らせたり、激しい運動をさせてしまったりすることにつながります。これらのルールや対応については、事前に担当者から注意があると思いますので、しっかりと守りましょう。また、実習では実習園で危険に対するどのような配慮がなされているのか、病気の子どもたちへはどのような対応がされているのかも学んでほしいものです。

③　危険防止のための保育者が担う役割

　園全体の危険防止のルールや、配慮が必要とされる子どもへの対応については②で確認しました。次に遊びの場面など、日常的に保育者が危険に対して配慮しなければならない事項について確認しましょう。

　まずは、子どもから目を離さないということです。自分の立ち位置に注意しましょう。つねに全体が見渡せる位置に立つことが大切です。子どもと遊びながら、または保育環境を整備しながらつねに子ども全体に目を配りましょう。

　また、子どもの遊びのなかから危険を素早く判断し、対応しましょう。かといって、「危ない、危ない」となって禁止が多くならないよう注意しましょう。実習中、危険な遊び、危険箇所などに気づいたときはすぐに保育者に知らせましょう。とくに、ケガなどに気づいたときには、素早く保育者に知らせ、対応等の指示をあおぎましょう。

（3）「清潔」「衛生」について

　「清潔」と「衛生」については、子どもの基本的生活習慣として大切なことです。実習生は、子どものモデルとして行動をとる必要があります。とくに、次にあげる「清潔」「衛生」について意識したい事項を説明していきますので、確認しましょう。

①　「服装」について

　実習中の服装を清潔に保つことは大切です。子どもの保育をしていると服が汚れたり、汗でくさくなったりします。日々洗濯し、つねに清潔なものを身に着けるようにしましょう。

　汚れてしまうような援助や作業をお願いされた場合は、必要に応じてエプロンなどを着けましょう（園によっては、エプロンを着けないようにしているところもありますので、事前に確認しておきましょう）。また、脱いだものや使ったものは、かならずたたんでおきましょう。だらしなくおいてはいけません。子どもは保育者や実習生のすることを意外によく見ているものです。日ごろから気をつけるようにしましょう。

②　「食生活」について

　「食生活」に関する援助に対しては、食事など子どもが直接、口にするものですから、「清潔」にはとくに留意しなければなりません。以下のことに気をつけましょう。

　食卓の拭き方に注意しましょう。ふきんのしぼり方は、固くギューッとしぼりましょう。水で食卓の上が濡れたようにならないよう注意しましょう。

　食前の手洗いは、石けんをつけてていねいに洗いましょう。子どもたちといっしょに声かけをしながら、腕をまくり、手洗いの注意事項を声で伝えながらやってみせるとよいでしょう。

　食後の歯磨きは手洗いと同じように、磨き方を声で説明しながら磨きましょう。歯を磨きながら歩きまわってはいけないこともしっかりと伝え、子どもたちに徹底させましょう。歯ブラシやはしなどを口に入れての転倒は重大な事故につながります。過去にも、脳性まひや死亡などの事例が多くあります。十分に気をつけましょう。

③　「排泄」について

　年長児になると、排泄は１人で行うことができる子どもがほとんどです。便や尿は汚いという認識もありますので、園のトイレはつねに「清潔」かつ「衛生」を保つようにしたいものです。実習生がトイレをきれいに使うのはもちろんのこと、トイレの掃除なども積極的に行いましょう。トイレがきれいであれば、子どもたちも排泄を失敗しても、自分で進んで掃除をしたりするはずです。また、排泄後の手洗いについて

も声をかけ、忘れることのないようにしましょう。

　乳児クラスに入ったときなど、おむつ替えを手伝うこともあります。おむつ替えをしたあとは、手洗い等ていねいに行いましょう。とくに下痢便などの場合は十分注意しなければなりません。

④ 「整理整頓」について

　保育室の整理整頓はつねに行う必要がありますが、床や廊下に落ちているごみを拾うことは習慣としてください。とくに乳児の場合は誤飲防止の視点からも大切なことです。０歳児の場合、ハイハイをしますから、床の清潔には十分留意しましよう。

　また、登園前の整理や降園後の掃除などはもちろんのこと、翌日の保育への準備なども担当の保育者の指示をあおぎ、積極的に行いましょう。

（４）「実習生自身のプライバシー」について

　実習にも慣れ、子どもたちと親しくなってくると「先生の住所教えて」、「今度、先生の家に遊びに行ってもいい？」と言われたり、「先生、私に手紙書いてね」と子ども自身の自宅の住所を渡されたりなど、実習生のプライバシーに関することを聞かれたり、言われたりして、どのように対応したらよいかわからないケースがよくあります。

　このようなとき、実習生としては、どのように対応したらよいでしょうか。親しみをもってもらえたことは実習の成果でもあり、うれしいことですが、実習はあくまでも養成校の依頼のもと、園および施設側が受け入れている公的な場です。私的な関係で成り立ったものではないことを理解しましょう。実習生がとった行動は、基本的には養成校の責任にもなります。個人的な住所を教えたり、勝手に子どもを自宅に迎え入れるような行動は避けなければなりません。

　では、このような場合、具体的にどのように対応したらよいでしょうか。子どもに住所を聞かれたりした場合は、養成校（学校）宛に手紙を送ってもらうようにしたらどうでしょう。子どもに個人的に手紙を書いてと頼まれた場合も同様に、特定の子どもに対してだけでなく、クラスまたは園全体に対しての手紙を書き、園に送らせてもらうようにするとよいでしょう。遊びに行きたい、または来てといわれた場合は、こちらから、後日、園へ遊びにいくようにしてはどうでしょうか。

　これらのことは、いずれにせよ、実習後の対応になりますので、まず、担当の保育者にかならず相談し、判断をあおぎ、行うようにしましょう。また、実習後、園を訪問する際も事前に園の都合をうかがい、突然、訪ねたりすることは絶対にしてはなりません。このように実習後もかかわりをもつ場合は、養成校側に事情を伝えておくようにしましょう。なお、子どもにいろいろとせがまれたりして、その場で気やすく返

事をしてしまうのはかんたんなことですが、実際に言ったとおりのことをするのは案外大変なものです。大変だからといって、全部断ってしまうのもどうかと思いますが、子どもに対してできないような適当な返事をしてしまうようなことは絶対にやめましょう。自分ができる範囲で、園や養成校を通して誠意をもった対応をするとよいでしょう。

（5）その他の注意事項

　以上、実習生として守らなければならない事項については、確認してきました。その他の細かな注意事項およびアドバイスについては、下記にまとめましたので、前述の事項と合わせて、実習前に確認しておきましょう。

・実習中の服装は、実習園の服装の規定に従いましょう。
・化粧、服装は華美にならぬよう留意しましょう。装飾品(指輪、ネックレス、ブレスレット、ブローチ、ピアス等)はつけてはいけません。マニキュアは落としておきましょう。
・始業10分前には実習に入れる準備をしておきましょう。
・毎日、出勤簿に捺印（印鑑持参）し、提出しましょう。
・欠席、遅刻、早退の場合は、事前に実習先にかならず連絡しましょう。その後は各養成校および園側の指示に従って行動しましょう。
・実習生は園児に対し、直接懲戒を加えてはなりません。目に余る状況の場合は担当の保育者に連絡しましょう。
・備品の使用については担当の保育者の許可を受け、その取り扱いや管理について責任をもちましょう。
・言葉づかいには注意しましょう。とくに実習生同士等、友だちとの会話の際の言葉づかいには注意しましょう。
・許可なく実習現場を離れてはいけません。トイレなどに行く場合は、一声かけましょう。
・あいさつは大きな声で明るく元気にかならずしましょう。
・わからないことは積極的に保育者にたずね、指導を受けましょう。
・入所型施設での実習では宿泊で実習するため、生活環境が一変しますので、健康に注意しましょう。
・宿泊実習の場合、実習生用宿泊所の火気および電機器具の取り扱いには、万全の注意を払いましょう。
・1日の終了前に翌日の実習予定について指示を受けましょう。

1．朝起きたらひどい風邪で実習にいけそうもありません。どうしますか？

2．あなたの見ている前で子どもがハサミでけがをしてしまいました。近くにいる大人はあなただけです。どうしますか？

3．実習中に親しくなった子どもや保護者に「住所と電話番号を教えて」と言われました。どうしますか？

4．1日のうちいつからいつまで実習生として行動すべきだと思いますか。またその理由は？

クイズ

 実習中の「守秘義務」について、留意点として正しいものに○、間違っているものには×をつけましょう。

1
answer
P.180

項　　目	○・×
1．守秘義務は法律上保育士に課せられた義務であり、実習生はとくに守る必要はない。	
2．守秘義務があるので養成校での反省会や報告会でも本当のことはいってはならない。	
3．守秘義務とは秘密保持義務のことであり、正当な理由なくその職務について知り得た人の秘密をもらしてはいけないことである。	
4．実習終了後、卒業し、就職して2年くらい時間が経過すれば、当時、実習で知り得た秘密を友人に話しても、守秘義務違反とはならない。	
5．守秘義務に違反すると罰則がある。	
6．家族や親友であれば、実習中のことをすべて話してもよい。	
7．実習生同士であれば、路上や喫茶店等で実習園でのことを話し合うのはとくに問題はない。	
8．実習終了後の養成校での報告会では、利用者の個人名よりイニシャルで報告したほうがよい。	

2 **実習中の「安全」について、留意点として正しいものに○、間違っているものに×をつけましょう。**

2
answer
P.180

項　　目	○・×
1．後ろ向きでさがるのはやめたほうがよい。どうしてもさがらなければいけない場合は、後ろに子どもがいないことを確認する。	
2．アクセサリーは子どもが喜ぶので、華美でなければネックレス、ピアス、ブローチ、指輪ぐらいは身につけてもよい。	
3．園庭のブランコで2人乗りをしている子どもを見かけても、楽しんで遊んでいれば注意する必要はない。	
4．マニキュアは子どもが喜ぶので、赤やピンクなど明るい色のものをつけたほうがよい。	
5．アレルギーの子ども、てんかんのある子ども、心臓病の子どもなどは、よく園から注意を聞き、注意事項を守る。	
6．危険な箇所に気づいたら、保育者に質問してみる。	
7．あぶない、あぶないといって、子どものできることまで禁止するのはよくない。	
8．子どもと遊ぶときは自分の位置がなるべく子ども全体を見渡せる場所になるように留意する。	

3 「衣服」の「清潔・衛生」について、どのような配慮が必要だと思いますか？
留意点として正しいものに○、間違っているものに×をつけましょう。

3
answer
P.180

項　　目	○・×
1．実習中の服装は、動きやすい格好であれば、自由にしてよい。	
2．子どもたちに親しみがもたれるよう、多少汚れていても、服装は毎日、同じほうがよい。	
3．子どもたちの安全のためにも、落ちているゴミなどは率先して拾うよう心がける。	

4 「食生活」での「清潔・衛生」について、どのような配慮が必要だと思いますか？
留意点として正しいものに○、間違っているものに×をつけましょう。

4
answer
P.180

項　　目	○・×
1．食卓をふくふきんはぎゅっとしぼらず、食卓がぬれる程度に軽くしぼる。	
2．食前の手洗いは石けんをつけ、指のすみずみまでていねいに洗う。	
3．食後の歯みがきは歩きまわらず、正しいみがき方で行うよう援助する。	
4．手ふきは一人ひとりでは大変なので、クラスで１つでよい。	
5．食べ残したものはもったいないので、まだ食べられそうな、他の園児にあげる。	
6．汁物のバケツは大きく、熱いので、机の上に置くより床に置いたほうがよい。	

5 「排泄」に関する清潔について、どのような配慮が必要だと思いますか？
留意点として正しいものに○、間違っているものに×をつけましょう。

5
answer
P.181

項　　目	○・×
1．排泄後の手洗いはていねいにし、各自、別々のタオルでふく。	
2．手洗い後のタオルは別々だと場所をとるので共有にし、なるべくこまめに取り替える。	
3．排便後のお尻のふき方は、女の子はかならず前から後ろにふくように教える必要がある。	
4．３歳児でも排便後のお尻ふきは、確認したほうがよい。	
5．上履とトイレの履き物は、はきかえる必要はない。	
6．トイレの履物は共有なので毎日洗う。	
7．トイレ清掃用の雑巾、モップ、ほうきは部屋用のものとは分ける。	
8．排泄のマナーで、オシッコがまわりにとびちらないように注意する。	
9．排泄をしたら、女の子はトイレットペーパーで拭き、男の子は大便のときだけトイレットペーパーで拭くということは、４歳児では理解ができている。	

保育室等の「整理整頓」について、どのような配慮が必要だと思いますか？
留意点として正しいものに○、間違っているものに×をつけましょう。

項　目	○・×
1．子どもといっしょに片づけをするのは3歳児クラスからでよい。	
2．子どもが片づけやすいようにおもちゃの種類により置き場所を決め、絵などで収容場所を示す。	
3．床をふくのは5歳児なら子どもといっしょに行ったほうがよい。	
4．おもちゃは子どもがいろいろ遊べるように、できるかぎり種類を多く配置し、なるべく片づけないようにする。	
5．保育室はせまいし、大人の物の収納場所も少ないので、オルガンやピアノの上に多少の物が置かれるのは仕方がない。	
6．ごみが落ちていても、子どもたちに声かけして拾わせ、保育者が拾ってしまわないように注意する。	
7．保育室の整理整頓は保育者が率先して行い、子どもたちの保育環境を整える必要がある。	

 実習に自信がもてない人のために

　保育者になりたい！と思いながらも、実習は不安、現場が苦手……という学生たちがふえています。「実習」を目前にすると、本当にこの仕事ができるのかと不安や戸惑いを感じたりもするでしょう。しかしそれでは貴重な機会がマイナスなものとなってしまい、実習園にとっても迷惑となってしまいます。自分のなかの実習に対するネガティブな部分を見つめて対処しましょう。

自信のもてない理由	アドバイス
幼稚園や保育所で働きたいから、施設での実習に不安がある。	A
施設で働きたいから、幼稚園や保育所での実習には興味がない。	B
初対面の人との人間関係は不得意なため、実習が不安。	C

A	幼稚園や保育所での保育は日中が中心ですが、子どもたちには家庭での生活がありますから、家庭生活と幼稚園・保育所での保育を切り離すことはできません。幼稚園や保育所の保育では、家庭生活にも配慮して保育実践を組み立てていく必要があるのです。子育て経験のない学生が、施設のなかで子どもたちの1日24時間の生活リズムに身近にふれるチャンスは、園で勤務することを想定しても大変価値のある体験となることは容易にわかります。施設のタイプが違うからと表面的な判断をせず、何でもチャレンジして、吸収してください。
B	施設では、子どもたちの家庭環境や状況によりますが、入所期間が長い傾向があります。まさに、施設のなかで全人格的な成長を支援していくわけです。ですから、その基礎の時期である乳幼児期を幼稚園や保育所の実習で学び、その成長発達にかかわる場面を学ぶことは大変重要な学習となりますし、健全な子どもの育ちや発達の姿、愛情表現や愛着行動、自我の発達や自我の表出などの姿に直接触れることは大変貴重な体験となるでしょう。
C	新しい出会いや人間関係において、不安や緊張が先に立ってしまうということは、仕事をしていくうえで、大変不利ですね。まして、短期間に数多くの出会いがあり、「評価」も伴う実習を前にしては緊張してしまうのもむりはありません。しかし、保育者がかならず外交的な社交性のような性質をもち備えていなければならないかというと、そうではありません。物静かなアプローチの仕方でも、じっくりと人間関係を築いて、子どもとの信頼関係を深めている保育者もたくさんいます。人とのかかわりのなかで、違和感を覚えたり、困ったときは、その場面で何が起こったのか、あなたと相手の言動や行動の観察とそのときに何を感じていたのかなど、気持ちをよく観察するようにしましょう。子どもたちの人間関係のなかからも学ぶことは多いはずです。

　保育の仕事は、日常生活のなかでみなさんの人となりや今まで学んだこと、そして人として経験してきたことすべてを総動員して行う仕事です。幼稚園教諭、保育士資格取得のための専門的な学習や経験を積んでおくことはもちろんですが、資格以前の問題として、人間として豊かな経験を積んでおくこともプラスになりますし、必要なことであるといえるでしょう。実習は専門的な学習経験でありながら、かつ、子どもたちや職員と生身の人間同士でふれあう貴重な体験です。みなさんの人となりを成長させ、感性を磨いてくれるでしょう。

PART 2

実習中に学んでおきたいこと

PART2　実習中に学んでおきたいこと

PART2は、すべて巻末のキリトリシート（p.169〜174）にまとめてあります。

>>>巻末キリトリシート

　実習がはじまったら、「行動あるのみ、実践するのみ！」です。

　自分が考えたこと、感じたこと、悩んだことは行動にあらわして表現し、実践していくことが大切です。

　子どもたちにとって必要だ、大切だと思うことがあっても、子どもと直接かかわらずに、何も言わず、ボーッと突っ立っているだけでは、子どもたちに何も伝わりません。また、もしわからないことがあっても、1人で悩んでいるだけでは解決の糸口さえ見つからないでしょう。不安や疑問は、自分の言葉で質問するという質問行動に移してこそ、実習で意味のある学習ができます。

　実習中は、忙しさのみに追われて、自分自身の上記のような行動を振り返ることがなかなかできません。そこでここでは、かんたんなチェックシートを活用して、自分自身の行動を冷静に観察して、客観的に振り返ってみましょう。

　実習中、下記の内容について、保育現場できちんと実践できているか、自己チェックを行います。「巻末キリトリシート」を参照してください。

【実習中の自己チェックシート】　── 掲載シート一覧 ──

■　実習段階ごとの自己評価チェックシート（p.169〜171）
■　保育者とのかかわり方と身だしなみ・マナーチェックシート（p.172）
■　実習中の疲労解消チェックシート（p.173〜174）

　※　「実習段階ごとの自己評価チェックシート」は、初期（実習の始めころ）、中期（実習の中間ころ）、後期（実習の終わりころ）と、実習の段階に応じて、チェックできるようになっています。養成校によって、1回の実習期間は異なりますが、自分自身で実習期間に応じて各段階ごとに確認していくとよいでしょう。
　※　また、各シートは実習の回数に応じて、必要枚数コピーして使用するとよいでしょう。

PART 3

実習後に
学んでおきたいこと

実習後の園とのかかわり

　実習が終わり、子どもたちとの充実した時間を思い出したり、日常の学生生活と違った慣れない環境で、多くの緊張も体験し、ホッとしている人が多いのではないでしょうか。実習期間が終わったからといって、実習の学習のすべてが終わったわけではありません。まず、お世話になった園に対して感謝の気持ちを伝えなければなりません。ほかにも、養成校で提出を求められていた課題や資料をまとめたりする必要もあるでしょう。これらの実習後に行うことも実習のうちと考え、忘れずに取り組みましょう。

　ここでは、実習後の実習園とのかかわり方とさまざまな事務手続きについて説明していきます。

（1）実習園への感謝

　保育の仕事は、人間関係のなかで成立しています。みなさんも実習園の保育者の方々にいろいろなご指導をいただいたのではないでしょうか。実習期間中にお世話になったことに対して、感謝の気持ちを伝えましょう。

　実習のお礼を園に伝えるとき、一般的なのはお礼状を送るということです。近年、パソコンや携帯電話の普及にともない、ハガキや封書ではなくメールなどでやりとりを行い、手紙を書くこと自体みなさんは少ないのではないでしょうか。もちろん、メールをうまく活用していくこともこれからは大切ですが、感謝の気持ちを伝える場合、相手がていねいに感じるのは電子文書より手書きのお便りです。社会人としても、大切なことですので、手紙を書くときのマナーをきちんと確認しましょう。

　園にお礼状を出す際の基本事項について下記に示しますので、まず確認しましょう。

　・お礼状は、実習終了後1週間以内に先方に届くように出す。

　・形式は、封書で書き、白無地の便箋、封筒を使用する（縦書きのほうがフォーマル）。

　・文章は、敬体にし、敬語表現を用いる（動作の主体がだれかによって敬語と謙譲語を使い分ける）。

次に、手紙に書く内容についてですが、次のような順で構成していきましょう。

　前　文：頭語は一般には「拝啓」とし、次に時候のあいさつや相手の安否などを手短かに書く。

　主　文：本文の部分。お礼の気持ちが伝わる内容を書く。実習中のエピソードなど

も具体的にまじえながら、あなたがどのように学び、成長できたかなどを書いたり、教えていただいたこと、励ましていただいたことなど、保育者の方からの言葉で印象に残っていることなどを書くとよい。

末　文：結びのあいさつ。結語は一般に「敬具」、女性の場合は「かしこ」も使用する。先方の活躍を祈ったり、心身の健康を気遣ったりなど先方への心づかいの言葉を述べる。

後づけ：日付、差出人、宛名の順に改行をして記す。

　基本的な手紙のルールは理解できたでしょうか。では、次に実際に実習生の書いた手紙の例を次にあげますので、どこがよいか、どこが悪いのか見ていきましょう。

　まず、山田さんのお礼状は、フォーマルな形でのお礼状の形式になっていません。まるで友だちにプライベートで送る手紙のようです。山田さんの便せんは、イラスト入りの便せんで、文字も色のついたペンで書いています。かわいらしくまとめたつもりなのでしょうが、お礼状としての形はまったくなっていません。かならず、白無地の便せんと封筒で、黒の万年筆かボールペンで、縦書きで書きましょう。

　次に書き方ですが、まず、文体について口語を使用してはいけません。かならず「敬体」（です、ます調）を使用しましょう。かわいらしいからといって、「です」、「ます」のあとに「〜」や「ー」をつけて伸ばしたり、絵文字や記号を入れるのはもってのほかです。

　では、文面の内容はどうでしょう。内容からは、山

<図表9>　山田さんの書いた実習園へのお礼状

園長先生
　実習では、とっても お世話になり、ありがとうございました！とっても 楽しい実習でした（ニ）
　実習まえのイメージとは、まったく 違くって、子どもたちもかわいくて、よい 実習でした。
先生のよいところもたくさーん 学びました。
勇気をもって、先生に 質問したら、いろいろ 答えてもらったりして、本当にありがとう、ございました〜♪ うれしかったです♡
　実習中、先生から、いろいろ 言われて、少し、へこみましたが、先生の おかげで、たくさん 学ぶことができました。いろいろ 失礼なことも たくさんしてしまって、ごめんなさい♪♪
　実習に 行って、いろいろ 教えてもらったけど、まだまだ だなぁって、思い知らされました。
もっと、子どものこととか、学校の勉強 とか、たくさんしなきゃっと、思いました。これから、もっとがんばります♪　本当に、本当に！
ありがとうございました〜〜♪♪
　7月1日　　　　　　　山田 真美

1．実習後の園とのかかわり

田さんのストレートな喜びや謝罪の素直な気持ちは伝わりますし、反省や今後のことについて書かれているところは評価できますが、このような形式で書いてしまったため、常識はずれとなってしまい、実習生としての教養を伝えることができません。手紙と口語はまったく違うものであるということをしっかり認識しましょう。

山田さんの手紙のなかには、つい使用してしまいがちな表現がいくつかあります。見ていきましょう。まず、「違くって」という言葉は、近年、若者の会話でよく耳にしますが、これは日本語として誤りで、正しくは「違って」となります。「うれしかったです」もよく使用してしまいがちな表現ですが、「うれしく思いました」と書いたほうがよいでしょう。また、「先生のよいところもたくさん学びました」とありますが、先生の行動に対して、「良い・悪い」と表現するのは、先生方を評価している印象を与えますので、このような表現は控えたほうがよいでしょう。また、「〜だなぁ」とか「〜しなきゃ」も口語表現で手紙に使用することは避けましょう。

文面内容ももう少し具体的に子どもたちの、「何が」「どんなふうに」かわいく思えたのかを、学んだ経験から書き入れたほうがよかったと思います。

次に佐藤さんのケースはどうでしょう。便せんも無地の縦書きのものを使用し、書き方からも相手に礼を尽くして、お礼を伝えようと努力している様子がうかがえます。敬体で敬語や謙譲語も使っています。自分が感じたエピソードなども紹介されている点もよいでしょう。ただ、敬語や言いまわしが、とってつけたように手紙のなかで浮いてし

＜図表10＞　佐藤さんの書いた実習園へのお礼状

鈴木園長先生

前略　時下、ますますご清祥のこととお慶び申し上げます。先の実習では、大変お世話になりありがとうございました。

早いもので、実習でお世話になってから、一か月がたちました。みなさまお変わりなく、お元気でいらっしゃいますか。実習では夏祭りに参加させていただき、子どもたちや保護者の方と多くかかわらせていただき、ありがとうございました。先生方にいろいろとご指導をいただき、多くのことを学び経験することができました。子どもたちと一緒にお泊まり保育を経験できたことは、大変よい思い出となりました。心よりお礼申し上げます。別便で心ばかりのドーナツを送りました。みなさんでいただいてください。

今後ともどうぞご指導賜りますようお願い申し上げます。敬具

七月十日

佐藤　愛子

まっています。もう少し、自然に自分で使いこなせる言葉を使って書いてもよかったのではないでしょうか。

　山田さんに比べると佐藤さんのほうが、形式や文体など、お礼状としての体裁は整っているように見えますが、残念な点がいくつか見られます。以下、その部分についてあげてみます。

　まず、お礼状を出した時期が、1か月後というのは少々遅すぎます。やはり、実習が終わって、1週間以内には出したほうがよいでしょう。次に、宛名は手紙の最初には書きません。通常、最後に書きます。また、マナー違反なのは、目上の方に対して「前略」を使っていることです。はじめて手紙を出すようなあらたまった形の場合には、ふつう「前略」は使いません。結語に「敬具」を用いる場合は「拝啓」となります。またもし、「前略」を使用する場合は、文末は「敬具」ではなく、「草々」となります。女性の場合は、結語に「かしこ」を用いてもかまいませんが、この場合は「拝啓」「敬具」とするべきでしょう。

　「時下ますます」の文章も、いかにもビジネス風の手紙文例集から引用したそのままのようで、実習生のお礼状にはちょっと不適切かもしれません。

　また、文章がつまりすぎています。適宜改行をして文章を読みやすくすることも必要です。「先生」などの相手をさす言葉が行末にこないように気をつけましょう。これだけの内容でしたら、便せん2枚にわたって書いたほうがよいでしょう。

　手紙の書き方とは別のことですが、わざわざ、別便で物品を送る必要はないといえます。「みなさんでいただく」という表現も不適切です。敬語表現を考える場合は、その動作をだれがするのかを考えて、敬語か謙譲語か決めていくと間違いが少なくなります。この場合ドーナツを食べるのは先生方ですから、敬語表現にすべきです。「みなさんで召しあがってください」などが適切な表現です。

　日常生活では、手紙を書く機会が少なくなってきていますが、保育現場に出ると、まだまだ手書きでのお便りやお手紙を書く機会はほかの仕事よりも数多くあります。これを機会にきちんとした常識を確認するとよいですね。

頭語と結語

　実習園へのお礼状の際に使用する頭語と結語は、基本的には「拝啓」「敬具」でよいと思いますが、社会人の常識として、そのほかの場合の頭語と結語を紹介しておきますので、手紙を書く際、また返事を出す際などにきちんと使えるようにしましょう。

	頭語	結語
通常	拝啓	敬具
重要な文章の場合	謹啓	謹白（謹言）
すぐに用件に入る場合	前略	草々（女性の場合は「かしこ」でもよい）
返事の場合	拝復	敬具
再度出す場合	再啓	敬具

 実習後の実習園へのお礼はどのようにしたらよいでしょうか。正しいものに○、間違っているものに×をつけましょう。

1
answer
P.181

項　　目	○ ・ ×
1．1日でも早くお礼の気持ちを伝えるためには、電話でいったほうがよい。	
2．時期としては、だいたい1週間以内に、先方に届くようにお礼状を送るとよい。	
3．保育の現場は、楽しくてかわいいものが好まれるので、キャラクターのポストカードなど、絵がかわいいものがよい。	
4．実習で、格別深くかかわった子どもたちにも個別でお礼状を書いたほうがよい。	
5．正式なマナーにのっとって、もっとも礼儀正しくお礼状を出すには、封書がよい。	
6．電話でのお礼はいけないと思うけど、メールでていねいに書けば問題ない。	
7．お礼状は、ワープロやパソコンで書いてもよい。	

 お礼状に関しての知識を確かなものにしましょう。[　　　　]内の語句から、ふさわしいものを選びましょう。

2
answer
P.181

1．お礼状といってもその形態はいろいろあるが、① [はがき ・ 封書 ・ メール] で書いたほうが、より相手に礼を尽くした改まった書き方となる。文体は、もちろん② [常体 ・ 敬体] を用いる。

2．文章中の敬語にも注意を払いたい。相手（先生）に対して書き手・話し手（実習生）の敬意を含ませる「いらっしゃる」「召し上がる」等の、① [尊敬語 ・ 謙譲語 ・ ていねい語]、書き手・話し手（たとえば実習生）の動作をへりくだる「拝見する」や「申し上げる」等の、② [尊敬語 ・ 謙譲語 ・ ていねい語]、相手に対する直接の敬意を払う、「です」「ます」や「お話」の「お」等の、③ [尊敬語 ・ 謙譲語 ・ ていねい語] は、文章によってきちんと使いこなせなければならない。ただし、二重敬語などにならないように気を配る。

3．社会人としても手紙は改まった形で書けるようになっておきたいものである。手紙は前文（前書き）、① [全文 ・ 主文]、末文（後書き）、② [後づけ ・ 謝辞] の4部構成が一般的な書き方となる。一般に、冒頭は③ [敬具・拝啓・前略] ではじめ、その場合、文尾は、④ [敬具・拝啓・かしこ] で終わる。年齢が上の方へや改まった形では、⑤ [拝啓・前略] は使わない。また、②の後に、「追伸」を加える場合もあるが、年齢の上の方への手紙文に用いると失礼にあたる。

4．冒頭のあいさつには、季語を含む時候のあいさつにつづいて、先方のご様子に対して配慮や感謝、おうかがいなど、先方の状況についてうかがう。次に、自分の様子・状態について軽く報告する。書くときの配慮として、先方の名前や相手を示す名詞や語句が行の① [最初 ・ 最後] にこないように書く。逆に、「私」や自分を示す言葉を行の② [最初 ・ 最後] に書くのもマナー違反となる。

5．きちんとした形式で書かなければならないが、[教本や手本どおりのきちんとした ・ 体験したことなどオリジナルな] 文章を心がけないとお礼や素直な感謝の気持ちが伝わらない。自分自身が実際に体験してうれしかったことについてのエピソードを引用したり、自分自身と先生方と実際に触れ合った思い出などを例示してお礼状を作成する。

6．最後に、締めくくりのあいさつも忘れずに書く。いろいろな決まり文句があるので、目的や文章量などに応じてそれらを使い分けるとよい。通常、締めくくりのあいさつには、相手の健康や幸せを祈る言葉を書く。他にも、自分をへりくだるあいさつもある。「乱筆乱文、失礼いたします」などがこれにあたる。今後のお付き合いやご指導をお願いする言葉もよく使われる。一般的に「① [今後とも ・ ますます]」や「末長く」という書き出しで、「ご② [教育 ・ 指導]」、「ご教示」、「ご鞭撻」をお願いする。そして最後に筆を置く際の決まり文句を書き添える。「まずは」につづいて、「③ [お礼 ・ 失礼] 申し上げます」で締めくくる。

7．以上のポイントを整理し下書きをして、誤字脱字や失礼な表現がないことをきちんと確認したうえで、ていねいに① [自筆 ・ ワープロ] で清書をする。実習の終了後、② [１か月 ・ １週間] 以内くらいに先方に届くように郵送する。

3 次の時候のあいさつは何月のものですか。当てはまる月（数字）を（　　　）に記入してみましょう。

3 answer P.181

① 梅雨の候	② 残暑の候	③ 初春の候
（　　　）月	（　　　）月	（　　　）月
④ 初秋の候	⑤ 紅葉の候	⑥ 若葉の美しい季節となりました
（　　　）月	（　　　）月	（　　　）月
⑦ 立春とは名ばかりで	⑧ 新年度を迎え	⑨ お忙しい師走を迎え
（　　　）月	（　　　）月	（　　　）月

（2）実習後の事務手続きと実習日誌の提出

　実習は現場での実習が終了し、お礼状の送付が終わったからといって、それで完了というものではありません。まだまだ、重要な手続きが残っています。事務手続きの多くは文書を介して行います。実習後の手続きに関して確認しましょう。

　実習後、とくにきちんと確認しなければならない文書類は、下記の「出勤簿」、「実習日誌」、「実習園評価票」です。

<図表11>　実習後に確認が必要な文書類

出勤簿（出席票または出欠票）	実習をたしかに規定の日数行ったという証明になる文書です。実習中、毎日、印鑑を押したものです。
実習日誌（実習記録簿）	実習をたしかに行ったという証拠になるうえに、実習での学習内容も一目瞭然です。
実習園（施設）評価票	実習における成績票です。

　では、一つ一つ確認していきましょう。まず、出勤簿と評価表について説明していきます。

①　出勤簿・評価票について

　これらの文書は、通常、実習生が実習園とやりとりをして確認すべきものではありません。大切な文書類ですので、実習園と養成校の間でやりとりされるものです。ただし、時折、出勤簿などを実習生に手渡す園や施設がありますので、もしこれらの重要書類を預かった場合は、至急、養成校の教員に提出してください。みなさんの実習の成績に関する資料でもあります。万が一実習生自身の過失で紛失した場合は、単位の履修が不可能になるケースもないとはいえません。取り扱いには十分に気をつけましょう。

②　実習日誌について

＜実習日誌の総合考察について＞

　実習日誌は、最終日の記録と、実習を終えてのまとめにあたる「総合考察」を書いて、だいたい3日以内に園に提出に行きます。提出に行くまえに、当然、この「総合考察」を書かなければなりません。はじめての実習を終えた実習生のなかには、「総合考察」には、何を書いてよいのかわからず悩む学生が多いようです。「何を書いたら、どう書いたら……」と悩むばかりで、ずるずる日数がのび、約束の期日に遅れてしまったという実習生もいますが、最後のしめくくりはきちんと仕上げたいものです。

　「総合考察」にまとめたい内容についてポイントを以下に示しますので、参考にしま

しょう。

　　・実習で学んだと感じたことについてまとめる

　　・実習で気づいたことについてまとめる

　　・実習課題が達成されたかどうかについて振り返りをまとめる

　　・実習で失敗してしまったことや反省点についてまとめる

　　・学びや反省点をふまえ、今後の課題についてまとめる

　「総合考察」は、これらのポイントについて、順をおってまとめていけばよいのですが、考察ではなく感想文になってしまっているものをよく見かけます。実習は、さまざまな感動があったり、養成校の授業では経験できないようなことも多いと思います。どうしても、それらの体験に対して、「うれしく思いました」「感動しました」という感想のみが記述されてしまい、何を学んだのか、どう生かしたいのかの具体的考察が書かれていないのです。もちろん、感想を述べることがいけないわけではありませんが、ただ、それだけになってしまわないようにしましょう。

　具体的には、どのようにまとめていけばよいでしょうか。書くべき内容については、上に記しましたが、具体的なまとめ方としては、みなさんの実習体験を整理して、書くべき内容を個別に収集していくとよいでしょう。いきなり書きはじめるのではなく、各テーマにそって、体験談や学んだことを記入していき、それらを読み直して、自分が大切だと思うことをピックアップして、文章化していきましょう。

＜実習日誌の提出と返却について＞

　最終日の実習日誌と先に説明した「総合考察」を書き終えたら、次に実習園へ実習日誌を提出しなければなりません。先ほども説明したように、実習終了後、だいたい３日以内に提出しましょう。園や養成校によって異なりますので、みなさんの所属する養成校の指示、あるいは実習園の指導にしたがってください。原則的には園に出向いて提出します。そして、最終日の実習日誌および実習日誌や実習全体のコメントを書いていただいて、日誌を返却してもらいます。この一連の流れは実習生が責任をもって行わなければなりません。日誌の受け取りも原則実習園に出向いて、直接、手渡しで返却していただきます。

　例外としては、実習園が極端に遠い場合や、養成校や実習園の指導のスタイルなどで郵送で返却していただくケースもあります。では、この提出から返却までの流れのポイントを紹介しましょう。

　提出の際は、原則的には、直接、実習担当の方にお渡しします。事前にアポイントを取ってから提出する実習施設もあります。しかし、書き終えたら期日内にいつでも

提出可、という実習園もあります。その場合は直接担当の先生に渡せないかもしれません。このような場合は、一言メッセージを添えておくことも相手に対する心づかいです。今までのご指導についてのお礼と、最後の日誌のご指導と返却のお願いなどを書いたメモを準備しましょう。一筆箋などを携帯しておくと便利ですね。

　また、返却していただく際は、まず、いつ受け取りにうかがえばよいのか、実習指導の担当の保育者と打ち合わせが必要です。通常、養成校からは実習終了後、実習生が実習日誌を提出してから2週間前後で、実習の評価や実習日誌の返却を依頼しています。

　返却方法には、園に取りにうかがう場合と、「郵送による返却」の場合があります。郵送による返却の場合、その手続きも実習生が行います。実習日誌が入るサイズの返信用の封筒に、自分の住所、氏名（"行"をつける）、そして郵便番号を忘れずに書き、切手をかならず貼りましょう。実習日誌の重さによって郵送料が異なりますから、事前の確認が必要です。ここでのポイントは、先方が実習日誌を入れれば、すぐにそのまま発送できるように配慮することが大切です。切手を貼り忘れたり、切手代の不足、封筒にノートが入らない、住所がない、宛名がないなど、ミスがないか確認してください。ある実習生は、糊付けの手間を省くために、封筒の折り返し口に両面テープを貼っていました。シールをはがせばすぐ投函できます。そして、もっとも重要なことは、郵便の事故にあっても困らないように、配達記録・書留あるいは宅急便など、記録の残る手段で郵送します。返信用の封筒にも同様の手続きが必要ですから、書留代を加えた切手代が必要です。宅急便の場合は、着払いの申込用紙に宛名を書いて同封するようにしましょう。

　実習日誌の取り扱いについては、十分な配慮が必要です。郵便代を節約したために実習日誌を紛失してしまったら、もう一度、実習をやり直すことにもなりかねません。

　実習日誌は、みなさんの実習の成果がたくさん詰まった思い出でもあります。たしかに実習を履修したという紛れもない証拠となるのです。

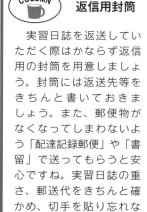

返信用封筒

　実習日誌を返送していただく際はかならず返信用の封筒を用意しましょう。封筒には返送先等をきちんと書いておきましょう。また、郵便物がなくなってしまわないよう「配達記録郵便」や「書留」で送ってもらうと安心ですね。実習日誌の重さ、郵送代をきちんと確かめ、切手を貼り忘れないようにしましょう。

書留であれば郵便料金のほかに別途書留の料金が必要です。気をつけましょう。

切手

書留

実習日誌在中　折り曲げ厳禁

123 4567

東京都文京区
南町一－二－三

佐藤愛子　行

EXERCISE
エクササイズ

実習で学んだことや気づいたことなど、下記の項目について箇条書きで3つずつあげ、それぞれ文章化してみましょう。

		箇条書き	文章化
1	実習で学んだことや気づいたこと		
2	実習中課題として取り組んだこと		
3	実習でうまくできなかったこと		
4	今後の課題について		

総合考察の構成を考え、文章化してみましょう。

　前ページの「EXERCISE」1～4を読み直し、総合考察にはどのような内容を盛り込むか、どのような順序で記述していくか考えましょう。また、前ページでまとめた内容以外にも総合考察で書き入れたい内容はないか吟味しましょう。

はじめ

① 書き出しの言葉を考えよう
例）「……実習では多くのことを学ばせていただきました。……」　　　　など

② どのような内容でまとめていくか順番を考えよう
例）「課題や成果」「失敗談」「反省」「学んだこと」「今後の課題」の順番でまとめていこう。　　　　など

③ まとめの言葉を考えよう
例）「……ご指導ありがとうございました。実習で学んだことを今後に生かし……」　　　　など

おわり

まとめる順番を整理してみましょう。

実習日誌にまとめる前に、総合考察の下書きとして総合考察を文章化してみよう。

2. 実習後の振り返りとまとめ

STEP UP p.159-160

　実習直後の行わなければならない事務手続きや実習日誌の提出等については、前節で確認しました。そして、実習のしめくくりとしてこの貴重な経験を自分自身の学びにつなげなければなりません。

　実習での学習側面は多岐に渡ります。実習とはさまざまなとらえ方ができますが、「全人教育」としてとらえることもできます。「実習」を経験することによって、保育技術を学ぶだけでなく、保育者としてもっとも大切な人間的な成長を期待することもできるのです。実習をそのような価値ある経験につなげるためには、学び得たことを自分自身で振り返り、見つめ直すことが必要です。

　では、実習を自分自身の学びにつなげる作業として、自分自身の実習の振り返りから、子どもの姿について、保育者の姿について、実習日誌について、そして実習全体を総括することで実習を振り返り、まとめていきましょう。

（1）実習を振り返る

　みなさんの実習と、子どもたちの日々の生活は、並立的に成り立つ関係としてとらえることができます。みなさんが実習でどのようなことを学んだのか、子どもたちとの生活のなかでどのように成長したのかということは、つまり、子どもたちがみなさんのかかわりや生活のなかでどのように成長・発達できたのかということに匹敵するといえるでしょう。

　そこで、ここでは、実習という体験を通して、自分がどのように変化・成長したか分析的にとらえてみましょう。

　保育者の仕事は、日常生活での支援です。日常生活を一般の人々と同じように、生活のなかで見るだけではプロとはいえません。日常生活を客観的に分析してとらえる力が必要です。プロとして生活のなかで子どもたちのサポートをしていくには、日常生活を冷静にとらえて、判断していくことが必要なのです。

　もっといえば、今は学生（＝対人援助サービスを受ける側）ですが、卒業後は対人援助サービスを提供する側になります。今まで保育所や幼稚園、小学校、中学校、高校、大学、短大、専門学校などで、つねにサービスを受ける側にいました。0歳児保育から保育所に通っていたなら、20年以上、利用者として対人援助者とかかわりをもって生きた

といえます。多くの先生方に出会ってきたわけです。子どもたちや学生というのは、そういう意味で「先生」を見る目はとても鍛錬されているといえます。卒業後、この立場がまったく逆になります。そこで、残りの学生生活の間は、サービス提供者の視点で、自分自身の取り組み、生活態度、学校生活、人間関係、学校教育、教員の態度、などなど、吟味しながら取り組んでみるのも保育者としての実践力を磨く取り組みになるかもしれません。

　実習の事後学習は、自分自身を今後自力で成長させていくためにも大切な学習です。実習で学ぶべき視点にそって、自分自身の学びの成果を振り返ります。

　では、ここで事前学習のおさらいをしておきましょう。

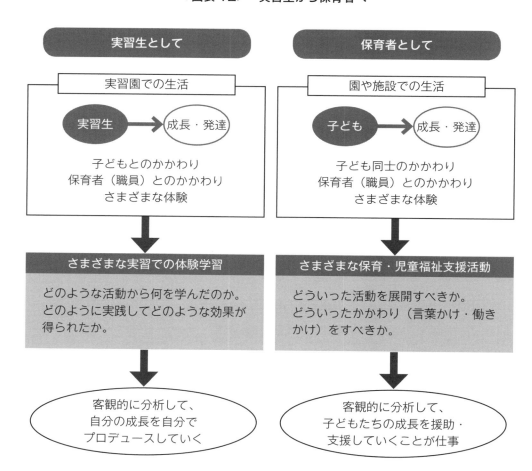

＜図表12＞　実習生から保育者へ

（2）実習で学んだ子どもの姿について

　実習前に確認したことは、実習後、確認できていたでしょうか。次に具体的に、実習で学び得た子どもの姿についてまとめてみましょう。

①　子どもたち一人ひとりの違いについて

　実習で、初めて子どもたちにふれた実習生もいれば、ボランティアなどで日ごろから子どもたちと接している実習生もいることでしょう。どちらの場合もはじめての実習園で接する子どもたちはみんな初対面です。一人ひとりの子どもの違いについて驚いたのではないでしょうか。授業で「子どもは一人ひとり違う」と学びますが、授業で聞くのと実際に接して経験するのでは実感が違うことでしょう。同年齢の子どもでも「先生、先生」と離れない子どももいれば、自分から近づいてくれない子どももいます。子ども一人ひとりに合った言葉かけやかかわりはできたでしょうか。また、年齢や月齢による違いも、実習では学ぶことができたと思います。各年齢のクラスに入ることのできた人は年齢による違いを体験できたでしょうし、1つのクラスのかかわりが中心だった人も同じ年齢でも月齢や入園の違いによって、子どもたちに差があることに気づくことができたのではないでしょうか。

②　子どもたちの遊びについて

　子どもの生活の中心が遊びであることは、実習で実感できたことと思います。子どもは好奇心のかたまりですので、何でも遊びにつなげていきます。そして、子どもは遊びから、友だちをはじめとする人とのかかわり方を学んだり、遊びや生活に関するルールを学んでいったりするのです。実習でもそのような子どもたちの様子にふれることができたのではないでしょうか。とくに子どもが自発的に遊びをはじめ、その好きな遊びを続け、広げるときには、いろいろなことを学んでいます。実習で観察したり、また、いっしょに遊んだ子どもたちの遊びを思い返して、どのような遊びから、子どもたちが何を学んでいるのかをまとめてみるとよいでしょう。

　子どもたちが遊びを通して経験することのなかで、多く見られるのが、いざこざやけんかです。ちょっとした言い合いやけんかから子どもたちはたくさんのことを学びます。もちろん保育者の言葉かけなどの仲裁について学ぶことも大切ですが、子どもはどのように相手を受け入れ、理解していくのかについても実習中の体験を思い出し、まとめてみるとよいでしょう。

③　さまざまな子ども（人）たちとのかかわりについて

　障がいを抱えた子どもや年齢の高い入所者、またさまざまな事情を抱える子どもたちのいる施設実習では、初めて経験するような出来事にも多く出会ったのではないで

しょうか。宿泊実習の場合、幼稚園や保育所での実習とは異なり、実習期間中、施設内に居住し、実習を行うわけですから、日常とは異なり緊張や戸惑いも多い反面、より多くのことを学ぶことができる貴重な経験となったのではないでしょうか。

　たとえば、障がいをもつ子どもとのかかわりを思い出してください。どのような障がいを抱えているのか、障がいの程度はどのくらいであるのか、日常的にサポートが必要な部分はどのようなところであるのかと配慮しなければならない点は多岐にわたり異なります。施設実習でのもっとも重要な学びは子ども理解を深めることにあります。実習園でかかわった子どもたちについてもよく認識し、そのかかわりの内容をしっかりとまとめたいものです。

　また、施設に入所している子どもたちの1日の生活を実体験することにもなりますので、各施設での子どもたちの日常について、机上では学びきれなかった部分を中心にまとめるとよいでしょう。

（3）実習で学んだ保育者の仕事について

　実習では子どもたちの発達や個人差等を学ぶほかに、保育や各施設の現場にいる保育者の援助や日常的な業務についても多く学んだことと思います。次に保育者の子どもたちへのかかわりや業務についてまとめてみましょう。

①　保育者の子どもへの援助について

　子どもにとって、保育者はとても大きな存在です。実習でも子どもたちが保育者を信頼している様子を多く目にしたと思います。子どもたちは保育者の言ったことやかかわりをそのまま受け入れていきます。保育者の言葉かけひとつで、子どもの行動は一変するのです。子どもが今、何を考えてどのような援助を求めているのかを的確に見通せなければなりません。言葉をかける必要がある場合もあれば、じっとがまんし見守らなければならないときもあります。

　ある実習生の話で、園庭に出ようとしない子どもに実習生が「いっしょにお外行こう、行こう」と何度もやさしく声をかけてもどうしても行こうとしなかったそうです。担当保育者がきて「○○ちゃん、どうしたの？」、子ども「お母さんが新しくお靴買ってくれて汚したくないの……」、保育者「そっか、でも、たくさんお外で遊んだお話したらお母さん喜ぶと思うよ。たくさん遊んで汚れちゃってもきっとお母さんお洗濯してきれいにしてくれると思うよ」と声をかけたところ、子どもはニコッと笑顔を見せ、園庭へ走り出していったそうです。その実習生は、「ただやさしく声をかければよいのではなく、子どもになぜかを聞き、それに応えた言葉かけの大切さを知った」と話してくれました。このように、現場の保育者から学び取ったことを実習後、再確認し、

自分への学びにつなげていくことが大切です。

② 保育者の仕事について

保育現場を実際に経験して、保育者の仕事の忙しさに驚いた実習生も多いのではないでしょうか。

保育者の仕事は、直接子どもとかかわるだけでなく、子どもたちの安全への配慮や子どもたちの活動の幅が広がるようにと保育室の環境を整えたり、「環境構成」についてもつねに配慮しています。実習でも次の日の保育の内容を考え、保育室に必要なものを準備したり、逆に次の日の活動の広がりを考え、子どもたちのつくったものをそのままにして壊さないよう掃除をしたりといった場面が見受けられたのではないでしょうか。保育者が環境構成についてどのような配慮をしていたかについてしっかりとまとめておきたいものです。

そのほかにも日常の日誌や記録、保護者の方々とのコミュニケーション、行事の準備、保育研修など、保育者の仕事は多岐に渡ります。体力的にも大変ですが、臨機応変にさまざまな業務に対応できる力も必要となります。日常の健康管理をきちんと行い、体力維持を心がけることはいうまでもありませんが、臨機応変に対応できる力をつけるためには、保育者の仕事全体をしっかりと把握し、事前にきちんと準備を行っておくことが大切です。実習でも、きちんと計画し、準備していれば、若干の変更には対応できたはずです。

実習では、保育者が日常、園でどのような仕事をし、どのようなことに配慮をしているのか、どの仕事にどのくらいの時間をさいているのかについてまとめておくと、保育者の仕事の全体が見通せるようになるでしょう。

③ 生活をサポートする保育者の姿について

各施設では、保育者は入所している子どもたちの日常生活全般をサポートすることになります。対象児の特性、また施設の目的に合わせて、入所者の生活、余暇、学習、作業、療育にかかわる指導およびハウスキーピングなどについて援助しています。保育者がどのような部分に配慮しながら、入所者の生活を支え援助しているのか、体験したことをしっかりとまとめましょう。また、保育者のそれらの養護技術について、学び得たこともまとめておくと次の具体的な目標につながりやすいでしょう。

以上、（1）～（3）で述べたことは、実習課題として取り上げた内容と重なっていることが多いでしょう。実習課題とも関連づけてまとめておくと、学習の成果もよりいっそう大きなものとなります。

 実習で出会ったクラスの子どもたちとあなた自身のかかわり方についてまとめてみましょう。

実習時期	クラス名　等
（　　　　）月（　　　　）日 〜 （　　　　）月（　　　　）日	クラス名（　　　　　　　　　　　　　　　　　　　） （　　　　　　　　）歳児クラス 人　　数（　　　　　　　　）人

このクラスの子どもたちの様子

HINT 最近はやっている遊びやそのときのクラスの子どもたちの様子などをまとめてみましょう。

1．子どもたちとあなたのかかわりについてまとめてみましょう。

うまくできたかかわり	むずかしかったかかわり

2．今後、子どもたちにかかわるうえでの配慮点や留意事項として気づいたことや学んだことをまとめてみましょう。

 友だちと比べて、話し合ってみましょう。

 実習で学んだ保育者の仕事についてまとめてみましょう。

1. 保育者の子どもとのかかわりや日常の仕事を箇条書きであげてみましょう。また、子どもとのかかわりや保育に関連する仕事であなた自身も実践してみたことも箇条書きであげてみましょう。

	子どもに直接かかわる仕事	子どもと直接かかわらないが保育に関連する仕事
実習中、学びになった保育者のかかわり	例）子どもの着替えを手伝う	例）保育室の掃除をする
あなたも実習中に実践したかかわり		

2. これらの仕事をするうえで、配慮すべきだと実習を通じて学んだこと、気づいたことをまとめてみましょう。

子どもに直接かかわる仕事	子どもと直接かかわらないが保育に関連する仕事

 お互いの学習の成果を友だちと話し合い、学びを深めましょう。

（4）実習日誌から実習を振り返る

　実習での一番の苦労に「実習日誌」をあげる実習生は少なくありません。実習日誌を書くことに時間がかかり、寝不足になったなどという話を実習生からよく聞きます。しかし、その努力の分、実習日誌は自分自身の実習の成果や反省を読み解く貴重な財産でもあります。実習日誌から振り返り、評価することで実習を多方面から振り返ることができます。評価の観点は、大きくとらえて２つの側面があります。１つめは実習生としての基本的、基礎的、技術的な側面です。２つめは保育を学ぶ実習生として事実と考察がしっかり書かれており、内容的に適切なものかどうかという側面です。

①　基本的側面からの評価から

　基本的側面からの以下のことを確認しましょう。

　まず、日誌をきちんと毎日提出することができたでしょうか。決められたことをスケジュールどおりにこなすということは、社会人としても基本となる事柄です。また、ていねいに日誌を扱っていましたか。保育者が取り扱う文書や書類は、個人情報など大切なものがほとんどです。実習日誌もみなさんの個人的な学習記録だけではありませんので、ていねいに取り扱わなければなりません。表記については、誤字脱字はなく、正しい日本語文法で書くことができたでしょうか。文章表現の基本として、誤字脱字のない正しい日本語を用いることは「子どもたちを育てる」保育者にとって、重要な基礎教養です。そして、正しい文体で、わかりやすい文章で書かれているかどうかも大切なチェックポイントです。正しくわかりやすい文章が書けているかどうかということは、保育者としては重要なことです。

②　内容的側面からの評価から　── 事実と考察の確認 ──

　内容的側面からは以下のことを確認しましょう。

　まず、事実として、「登場人物（子どもや家族および利用者、保育者、実習生）」、「環境（時間、場所、活動内容、場面や状況）」がしっかりと記録されているかどうかです。記録の対象者をしっかり観察し、環境の変化等も含めての記録をきちんと残せているか確認しましょう。次に考察として、登場人物の言動や背景、意図を考えて記述できていますか。保育の仕事は子ども（相手）を理解し、知ることです。相手に対する理解を深め、自分の感性で受け止めたことや気づいたことが書かれていることが大切です。また、環境構成に対しての配慮の記述も大切です。保育者自身「人的環境」として子どもを取り巻く存在です。保育者自身の環境としての側面をとらえ、配慮点まで書かれているか確認しましょう。最後に、実習課題についての考察が書かれているかどうかです。自分自身の受け止め、感性、姿勢などの反省や評価が述べられているでしょうか。また、保育者の仕事についても記録できているか確認してみましょう。

実習日誌を5段階評価で、できた場合は点数の高いほう、できない場合は点数の低いほうにつけ、下記にしたがって評価しましょう。

	項　目	得点 5―4―3―2―1
基本的側面	実習日誌は毎日きちんと記入し、決められた時間にきちんと提出できたか。	├─┼─┼─┼─┤
	実習日誌の取り扱いはていねいにできたか。汚れやしみをつけたり、破損したりしていないか。	├─┼─┼─┼─┤
	実習日誌の文字はていねいで好感がもてる書き方になっているか。また書き損じや修正液で訂正した箇所は少ないか。	├─┼─┼─┼─┤
	実習日誌の表記に誤字脱字はなく、日本語表現は適切か。	├─┼─┼─┼─┤
	文章表現は口語表現ではなく、わかりやすく書かれているか。	├─┼─┼─┼─┤
内容的側面（事実の記録）	子ども（相手）の行動や様子について、客観的な事実を記録できているか。	├─┼─┼─┼─┤
	保育者の行動や様子について、客観的な事実を記録できているか。	├─┼─┼─┼─┤
	実習生（自分）の行動や様子について、客観的な事実を記録できているか。	├─┼─┼─┼─┤
	時間・場所・場面や状況は正確に記録されているか。	├─┼─┼─┼─┤
	活動内容はわかりやすく正確に記録されているか。	├─┼─┼─┼─┤
内容的側面（考察の深まり）	子ども（相手）について理解が深まるよう、気づいたことや考えが述べられているか。	├─┼─┼─┼─┤
	保育者の行動や様子について理解が深まるよう、気づいたことや考えが述べられているか。	├─┼─┼─┼─┤
	実習生（自分）から気づいたことやわかったことなどに対して、自分なりの考えが述べられているか。	├─┼─┼─┼─┤
	時間・場所・状況など「物理的な環境」について、理解が深まるよう、気づいたことや考えが述べられているか。	├─┼─┼─┼─┤
	保育者や実習生（自分）のかかわりや子どものかかわりなど「人的な環境」について理解が深まるよう、気づいたことや考えが述べられているか。	├─┼─┼─┼─┤

評価　3つの項目について、自分の成果を検討してみましょう。各項目（1～5点）の合計点を算出し、アナグラムで示してみましょう。

基本的側面　[　　　]　点

内容的側面（事実の記録）　[　　　]　点

内容的側面（考察の深まり）　[　　　]　点

基本
25

事実
25

考察
25

0

 友だちと交換して、比較してみましょう。

（5）実習全体を振り返り整理する

　実習での経験については、それぞれの項目に応じて、自分自身を振り返ることはできたでしょうか。実習という保育現場の経験だけでも、実習生にとってはとても大切な学びですが、実習後のまとめの作業もみなさん自身の今後に活かしていくためにはとても重要なことです。保育者をめざす人はもちろんのこと、もし保育に携わらない人でも、自分の貴重な体験を振り返ることは、いろいろな気づきがあり、大きな経験となるはずです。

　本書のように、言葉などで実習での学びをまとめていくことによって、今まで漠然としていた自分自身の保育での喜び、驚き、発見、悩み、困難……などが具体的に浮かび上がってきたのではないでしょうか。実習という貴重な体験は、子どもや子どもの発達についての学びを深め、現場の保育や保育者とのかかわりから、自分自身の「保育観・保育者観」を見つめ直し、保育者の仕事という「職業観」についても整理するよい機会です。相手を理解する対人援助者のプロである保育者であるならば、まず、自分自身をしっかりと理解できていなければならないはずです。

　保育には、1つの正しい答えというものはありません。自分自身を振り返り、自分の「今」をしっかりとつかみ、自分自身のなりたい保育者像、理想の保育について、ある程度文章化できるように、考察を深めましょう。そのためには、まわりの友だちといろいろな考え方や感じ方について、比較したり話し合ったりできるとよいですね。

巻末キリトリシート

　　　巻末キリトリシート（p.175～176）で、実習のまとめを行い、クラスで実習での学びを確認しましょう。

STEP UP

― 2回目以降の 実習の前に ―

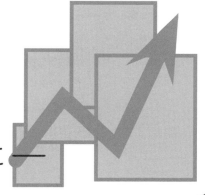

　本文および掲載の各シートは、基本的には1回目の実習や実習初期段階で身につけてほしい事項、確認してほしい事項を中心にまとめてあります。しかし、実習経験を経た2回目以降の実習などでは、初期段階とは異なり、1回目よりさらに学習を深めた課題をもって実習にのぞみ、実習後のまとめもより深めたいものです。2回目以降の実習にのぞむ場合やもっと力をつけたい場合は、この「STEP UP」に挑戦してみましょう。自分自身の実習経験に合わせて、各シートで学習し、より有意義な実習が行うことができるよう備えましょう。「STEP UP」と本文の関連ページは下記のとおりです。

STEP UP　実習生と子どもとのかかわり ── 遊びやかかわりの場面から ──

「5．実習生と子どもとのかかわり」（p.34〜38）について、今までの経験（過去の実習経験など）から下記の設問に取り組み具体的な学びを深めてみましょう。

STEP UP SHEET

1　あなたの思いつく子どもとのかかわりの場面を具体的にあげてみましょう。

2　子どもの遊びにかかわる際の留意点を箇条書きにまとめてみましょう。

3 子どもの遊びを観察する際、どのようなところを観察してみたいか、まとめてみましょう。

----

4 次のような保育場面があります。
実習生であるあなたはどのように対応しますか？

4
answer
P.181

事例　話しかけてもなかなか話をしてくれない子どもがいます。根気よく話しかけようとかかわろうとしても、ほかの子どもたちが寄ってきてしまい、照れ屋さんなのか、大勢になると、また離れていってしまいます。その後どのようにかかわっていったらよいと思いますか？

→ まとめたら、友だちと交換して話し合ってみましょう。

STEP UP 実習生と子どもとのかかわり ── 子どもの発達から ──

「5．実習生と子どもとのかかわり」（p.34〜38）について、それぞれの子どもたちの特徴についてまとめ、かかわる際の配慮点など整理し理解を深めましょう。

STEP UP SHEET

各年齢の特徴的な発達の流れと、かかわるときの配慮点を箇条書きにまとめてみましょう。

1 answer P.181

HINT　各教科の教科書を参考にしたり、巻末に詳しい模範例を掲載してありますので、実習前には、照らし合わせながら確認しておきましょう。

	園・施設名	発達の流れ	配慮点
0歳児	①	②	③
1〜2歳児	④	⑤	⑥
3歳以上児	⑦	⑧	⑨

2 施設で出会う子どもたちや利用者に関する知識や特徴、またかかわる際の配慮点についてまとめてみましょう。

2
answer
P.182

HINT 各教科の教科書を参考にしたり、巻末に詳しい模範例を掲載してありますので、実習前には、照らし合わせながら確認しておきましょう。

	出会える場所 （園・施設名）	知識や特徴・かかわる際の配慮点
学童	①	②
思春期	③	④
障がいを抱えた子ども	⑤	⑥
傷ついた子ども（虐待等）	⑦	⑧

　子どもとかかわる仕事をするうえで、もっとも大切な視点の一つに、「子どもの人権を守る」ということがあげられます。保育者は社会での子どもたちの代弁者となって、彼らの権利を尊重し、思いを実現するための援助をしなければなりません。そのためには、一人ひとりの子どもが、その子どものペースでその子らしく成長発達できる環境を整えること、整えていくために努力するということも「子どもとかかわる」うえで大切にしたい事項です。子どもの最善の利益を追求するために公平・公正にかかわることができるかどうか、実習の場面で、子どもたちへの自分のかかわり方を冷静に客観的に観察してくることも大切です。

STEP UP　子育て支援について

　　少子高齢化への対応として子育て支援という概念が急速に広まってきました。しかし、保育所における子育て支援だけでは少子化に歯止めをかけることができず、次世代育成支援対策として地域における子育て支援、児童虐待防止、保育所待機児童の解消などとともに、子育て生活に配慮した働き方の改革までを含んだ対策が考えられています。ここでは、保育所における子育て支援対策を中心に考えてみたいと思います。保育所で扱う子育て支援は大きく2つに分けられます。1つは保育所に入所している乳幼児対象の事業です。延長保育、一時・特定保育、休日保育、夜間保育、障害児保育、病後児保育などです。もう1つは、在宅の子どもを対象にした、地域子育て支援サービスです。これには一時保育、育児相談（含：電話相談）、保育への参加、子育て広場などがあります。これらの子育て支援事業は少子化の進行による育児不安の防止（とくに児童虐待の予防）、企業等の就労状況の変動などに応じて拡大しています。平成18年にスタートした認定こども園は幼稚園、保育所の機能と子育て支援センターの設置を義務づけていますので、子育て支援事業は一層拡大します。

STEP UP SHEET

1　延長保育についてまとめてみましょう。

1
answer
P.183

2　一時保育についてまとめてみましょう。

2
answer
P.183

---

3 特定保育についてまとめてみましょう。

3
answer
P.184

----

4 休日保育についてまとめてみましょう。

4
answer
P.184

----

5 夜間保育についてまとめてみましょう。

5
answer
P.184

----

6 障害児保育についてまとめてみましょう。

6
answer
P.184

----

7 地域子育て支援センター事業についてまとめてみましょう。

7
answer
P.184

---

8 病後児保育についてまとめてみましょう。

8
answer
P.184

---

9 子育て支援（事業）について、興味・関心のあることや学びたいことについてまとめてみましょう。

次のような保育場面に遭遇したら、実習生のあなたはどう対応しますか。

事例1　実習園は、園庭開放を行っています。遊びに来ていた母親が「うちの子は、内気で困ります。どうしたらよいのでしょう」と話しかけられました。子ども（3歳児）を見るとお友だちの遊んでいる様子を見ながら母親の手をしっかりと握っています。母親は、子どもをお友だちのほうへ押し出そうとしますが子どもは抵抗して母親からはなれません。実習生であるあなたはどうしますか。

事例1
answer
P.184

事例2　地域から2組の母子が開放保育に参加しています。2人とも3歳児です。母親2人はおしゃべりに夢中です。子どもの様子を見ると、1人の子はボーッと立っているだけです。他の1人は次々とおもちゃを引っ張り出してそこらじゅうに散らかして遊んでいます。保育者は他の園児への対応で忙しそうです。実習生のあなたはどうしますか。

事例2
answer
P.184

STEP UP 生活に関する技術について

「8．保育実技」（p.58 〜）の「生活に関する技術」（p.72 〜 73）について、実習中のさまざまな場面を想定し、子どもの生活をどのように援助したらよいか考えてみましょう。さあ、あなただったらどのように援助しますか。

STEP UP SHEET

1 次の事例を読んで、あなたの子どもへのかかわりをできるだけ具体的に考えて書いてみましょう。

> 事例 1 「ご機嫌ななめなＡちゃん」（０歳児：女児：Ａちゃん）
>
> 　いつもはにこやかなＡちゃん、今日はなぜかご機嫌ななめです。朝はいつものように母親と登園してきましたが、担任保育者が「おはよう」と声をかけても反応がありません。健康状態に変わった様子はないようですが、担任保育者がＡちゃんのお気に入りのくまのぬいぐるみを差し出しても振り払ってしまいました。担任保育者は次々と登園してくる他児の受け入れをしながらしばらくそっと見守っていましたが、Ａちゃんはとうとう泣き出してしまいました。

　実習中、Ａちゃんとはすでに何度かかかわりをもったことがあると仮定しましょう。担任保育者は手が離せず、「ちょっとＡちゃんをみてあげてください」と言われました。このような状況のＡちゃんに対してあなただったらどのようにかかわり、援助しますか？

事例1
answer
P.184

事例2 「できないのに "自分で"」（2歳児：男児：Tくん）

　午睡前、子どもたちはパジャマに着替えはじめました。Tくんも自分のパジャマ
をもってきて着替えています。しかし、なかなかボタンがかけられず苦労している
ようです。他の子どもたちはできないところは「先生、手伝って」と保育者に手伝っ
てもらい、次々と着替えをすませています。実習生のYさんはTくんに「お手伝い
しようか？」と声をかけ、ボタンをかけてあげようとしました。すると、Tくんは「自
分で!!」と怒って泣き出してしまいました。

あなたが実習生だったとしたら、Tくんにどのようにかかわり、援助しますか？

事例2
answer
P.185

　お弁当の時間になり、担任保育者が「そろそろ片づけましょう」と保育室の子どもたちに声をかけました。実習生のYさんも、担任保育者に「お庭で遊んでいる子たちにも片づけるように声をかけてきてください」と頼まれ、園庭の子どもたちに声をかけに行きました。園庭では砂場で5〜6人の男児が楽しそうに山や川をつくり、泥だらけになって遊んでいます。Yさんは、「そろそろお弁当の時間です。お片づけしてください」と子どもたちに声をかけましたが、まったく聞いてくれません。そこで、Yさんは「もうお片づけの時間です。Mくん、片づけて」ともう一度言いましたが、「嫌だよ!!　お片づけしない」と言われてしまいました。

　あなたが実習生だったとしたら、Mくんたちにどのようにかかわり、援助しますか？　どのようにかかわったら子どもたちは自分から片づけをするのでしょうか？

事例3
answer
P.185

自分の考えた援助をもう一度読み直して、次の観点から評価してみましょう。

① 子どもの気持ちを理解しようと努め、共感する言葉かけやかかわりを
考えることができましたか？　共感する言葉かけやかかわりの箇所に赤
線を引いてみましょう。もし、子どもの気持ちを無視した言葉かけやか
かわり、否定的な言葉かけやかかわりになっている箇所があったら、も
う一度考え直し、修正した内容を赤で加筆しましょう。

② 子どもの自主性を尊重する言葉かけや、かかわりを考えることができ
ましたか？　自主性を尊重する言葉かけや、かかわりの箇所に赤線を引
いてみましょう。もし、指示的な言葉かけなど、自主性を損なうような
かかわりになっている箇所があったら、もう一度考え直し、修正した内
容を赤で加筆しましょう。

 友だちの考えた援助を読んでみましょう。読んでみて得られた気づきや学び、また、感想を書いてみましょう。

事例1	
事例2	
事例3	

STEP UP　指導計画の立て方

「9．指導計画の立て方」（p.77 ～ 85）について、さまざまな場面を想定し、指導案立案の手順にそって、具体的に立案し実践力を身につけましょう。

STEP UP SHEET

模擬的に日案の一部を立案してみましょう。前日の子どもの姿を読み取り、あなただったら翌日の保育をどのように計画するか考えてみましょう。

事例 前日の子どもの姿：10月20日（木）　天気：晴れ
（4歳児○○組　男児16、女児16、計32名）

　最近、陽気もよく、戸外で体を思い切り動かして遊ぶことを楽しむ子どもたちの姿がよく見られている。昨日、年長児といっしょに遊んだ"どろけい"が楽しかったらしく、A男を中心とした5～6人のグループが「先生、"どろけい"やりたい」と言ってきた。自分たちだけではまだ不安があり、保育者を必要としているようであった。保育者がいっしょに遊んでいることもあり、T子を中心とした女児のグループも入ってきて、かなり長い時間、大勢で"どろけい"を楽しんだ。友だちと大勢で遊ぶことの楽しさがクラス全体に広まりつつある一方で、興味はありそうだが誘ってもなかなか入ってくることができないB子や、興味があるのか遠くから眺めているM男の姿が目立っていた。
　保育室ではN子、C子等、数人が園庭で拾ってきた数珠だまを使って、ブレスレット、ネックレスづくりを楽しむ姿があった。友だちと会話をしながら作業をするのが楽しい様子であった。午後になると、ブレスレット、ネックレスがいくつかできあがり、N子が「アクセサリー屋さんにしよう」と並べてお店屋さんがはじまった。M子、K子も仲間に加わって、「お金がほしい」、「お客さんを呼ぼう」……などと、それぞれがイメージしたことを言葉に出して、実現したいことを保育者に訴えにくる姿があった。十分な時間がなかったため、「もっとやりたい」、「明日も続きできる？」と明日への期待をもって降園となった。

ねらいと内容を考えてみましょう。
　前日の子どもの姿から、翌日どのようなねらいをもって保育したらよいか、また、そのねらいを達成するためにどのような内容で保育したらよいか考えてみましょう。

ねらい……子どもに育てていきたい「心情・意欲・態度」
内容……ねらいを達成するために子どもに経験してほしい事柄（活動など）

環境構成を考えてみましょう。
　考えたねらいと内容をもって保育するためには、どのような環境が必要なのでしょうか。
用意する遊具や用具、その配置など図も活用して書きましょう。

必要な遊具・用具	環境図

子どもの姿を予想してみましょう。「どのような遊び・活動がどのように展開されるか」
予想してみましょう。

必要な援助の留意点を考えてみましょう。予想される子どもの姿から、援助をするときに
どのような留意が必要か考えてみましょう。

 実際に日案を立てるときには、環境構成、予想される子どもの姿、援助の留意点を1日の生活の流れ
に沿って書いていきます。

STEP UP　実習課題の立て方

　2度目以降の実習では、実習課題もより深められていくはずです。1回目の実習で得られた反省や1回目の実習での学びから、さらにもっと学んでみたいと興味をかきたてられた事柄などがあるはずです。まずは前回の実習を振り返り、そこから、2度目の実習課題を見出していきましょう（p.93～99参照）。

STEP UP SHEET

1　前回の実習を振り返り、反省をふまえた実習課題と、あらたにもっと学んでみたいことを整理してみましょう。

実習先	幼稚園・保育所・施設（施設名：　　　　　　　）
実習の段階	観察・参加実習　　　参加・責任実習

前回の実習の反省　➡	反省をふまえた実習課題
＜例＞　子どもができることまで、手を出しすぎてしまった。	・子ども一人ひとりの発達を理解し、発達に応じた援助を実践する。

前回の実習の反省　➡	反省をふまえた実習課題
＜例＞　製作活動について	・どのような製作活動が行われているのか。 ・製作活動をするときの援助とポイントについて。

2　1であげたことを整理し、実習課題を完成させましょう。（p. ●の巻末キリトリシートに記入し、担当の先生や友だちと確認しましょう）　➡巻末キリトリシート

STEP UP　実習後の振り返りとまとめについて

　　実習後のまとめとして、子どもたちの様子や発達・個人差などについて概略の整理と、保育者にとって大切な「子ども観」などについても振り返り、子ども理解についての学習を深めましょう（p.133 〜 142 参照）。

STEP UP SHEET

実習で出会った子どもたちから学んだ下記の項目についてまとめ、自分自身が実践してみたこと、保育者から学んだ配慮事項をまとめてみましょう。

実習先	幼稚園・保育所・施設（施設名：　　　　　　　　　）	年齢	歳児クラス

特徴	あなたが実践してみたこと	学んだ配慮事項
この時期の全体的な特徴		
言葉の発達や理解力等について		
人間関係やかかわりについて		
歩行や運動能力について		
健康面について		
安全面について		
基本的生活習慣について		

1 子どもとのふれあいのなかで、率直に自分の心のなかで感じたことを振り返り、自分自身の「子ども観」を探ってみましょう。

① 以下の場面を思い出し、自分が感じたことをありのままに記述し、なぜそのように感じたのか考えてみましょう。
② 友だちとお互いの考えを話し合いながら、それぞれの考え方・感じ方を振り返って「子ども観」について考えてみましょう。

子どもたちとかかわりながら、どんなふうに育ってほしいと思いましたか。
子どもたちのことで、「かわいいな、いいな」と感じたことはどこですか。
子どもたちのことで、「困ったな、苦手だ、これではいけないな」と感じたことはどこですか。
子どもの将来のことで、心配したこと、どうなるのだろうと気になったことはありますか。

2 あなたの「子ども観」についてまとめてみましょう。

HINT 保育者は、すべての子どもに分け隔てなく愛情を注ぐべきですが、保育者も人間、相性というものもあるかもしれません。そこで、自分を知り、苦手なタイプの子どもに知らず知らずのうちに不公平な対応をしないように、自覚しておきましょう。自分の回答を友だちと比べ、なぜかかわりやすかったのか、また、なぜかかわりにくかったのかを話し合いましょう。自分の性格にも好きな部分と嫌いな部分があるでしょう。コンプレックスともいいます。そういう自分の弱点に対しても、自分のありのままの姿を認めること、これも保育者の大切な資質といえるかもしれません。そうすることで、苦手な子どもに対するかかわり方を改善していくことができるのではないでしょうか。

巻末キリトリシート

　本文内に上記のようなマークがある場合は、この「巻末キリトリシート」を使用して、演習してください。キリトリ式になっていますので、指導者に提出を求められた際は、切り取って提出しましょう。

　また、「PART2　実習中に学びたいこと」は、すべてこの「巻末キリトリシート」に掲載されています。実習中の参考にしましょう。

※　切り取ってしまったシートはバラバラになってしまわないように、必要に応じて、クリップやホッチキスなどでまとめておきましょう。

※　また、必要なシートはコピーして、くり返し使用しましょう。

クラス	
番　号	
氏　名	

巻末キリトリシート　掲載シートおよび本文対応ページ

■ 幼稚園・保育所実習指導案（p.163）⟶　対応本文（*p.77～85*）

　　幼稚園・保育所で一般的と思われる形式の指導案の形式例です。本文であげた事例に基づいて、実習前に指導案を立案してみましょう。自分で行ってみたい保育など、本文に指示のない事例でも立案してもよいでしょう。

　　くり返し使用する場合は、コピーして使用しましょう。

■ 実習指導案（p.164）⟶　対応本文（*p.77～85*）

　　自由記述型の指導案の形式例です。施設実習など、P.163の形式とは異なり、独自で項目を立て立案したほうがよい場合は、こちらの指導案シートで作成してみましょう。

　　くり返し使用する場合は、コピーして使用しましょう。

■ 実習課題のまとめ（p.165～166）⟶　対応本文（*p.93～99*）

　　本文のワークシートで、自分自身の実習課題を立てたら、このシートに実習園の概要とともにまとめて、指導者に提出し指導を受けましょう。また、友だち同士でお互いの立てた課題を検討してみましょう。

■ 実習園について（p.167～168）⟶　対応本文（*p.100～109*）

　　実習先が決まったら、実習園についてまとめておきましょう。実習オリエンテーションを受けたあとに、まとめてもよいでしょう。

■ PART 2 実習中に学んでおきたいこと（p.169～174）⟶対応本文（*p.119～120*）

　　実習中は、日々の保育や実習日誌などに追われて、なかなか自分の学習している実習について確認することができません。また、疲れもたまったりもします。ここでは、かんたんなチェックシート形式で実習中の確認が行えるようまとめてありますので、ぜひ参考にしてください。

　　　■　実習段階ごとの自己評価チェックシート（p.169～171）
　　　■　保育者とのかかわり方と身だしなみ・マナーチェックシート（p.172）
　　　■　実習中の疲労解消チェックシート（p.173～174）

■ 実習のまとめについて（p.175～176）⟶　対応本文（*p.133～142*）

　　実習についてのまとめをしましょう。実習で得た学習の成果をしっかりと振り返りまとめることが、今後の学びにつながります。まとめたら、指導者に提出し指導を受けましょう。また、友だち同士でお互いの成果について確認しましょう。

ワークシート

幼稚園・保育所実習指導案

クラス	
番 号	
氏 名	

月	日	曜日（ ）	時	分 ～	時	分

配属クラス：　　　　組（　　歳児）　男児　　名／　女児　　名　計　　　名

ねらい	当日までに準備する事柄
内容	

生活の流れ （時間）	環境構成・準備	予想される子どもの活動	援助の留意点

WORK SHEET
ワーク
シート

実習指導案

クラス	
番 号	
氏 名	

月 　　　 日 　曜日（ 　　　 ） 　　時 　　分 〜 　　時 　　分

配属クラス： 　　　 組（ 　　歳児） 男児 　　名／ 女児 　　名 計 　　名

ねらい	当日までに準備する事柄
内容	

生活の流れ（時間）	

WORK SHEET
ワークシート

実習課題のまとめ（初期）

クラス	
番　号	
氏　名	

実習園	
実習期間	
実習回数	
実習園の 方針	

実習課題

実習への抱負

巻末キリトリシート ...165

実習課題のまとめ（2回目以降）

クラス	
番　号	
氏　名	

実習園	
実習期間	
実習回数	
実習園の方針	

実習課題

実習への抱負

クラス	
番　号	
氏　名	

実習園について

＜　実習生連絡先　＞

	フリガナ	クラス（番号）
実習生氏名		
住所	〒	
電話番号		
携帯電話番号		
実習期間	月　　　　　日　　〜　　　　月　　　　　日	

＜　実習園　＞

	フリガナ	種別
園および施設名		
園長名	フリガナ	
実習園住所	〒	
電話番号		
園の特徴		
備考		

＜　実習園までの交通手段　＞

自宅から実習園まで	養成校から実習園まで

実習園周辺の地図と最寄り駅からの行き方

＜　実習巡回ご担当者　＞

担当先生名	所　属

＜　備　　考　＞

実習中に学んでおきたいこと

<table>
<tr><td>クラス</td><td></td></tr>
<tr><td>番 号</td><td></td></tr>
<tr><td>氏 名</td><td></td></tr>
</table>

実習段階ごとの自己評価チェックシート

　実習の段階ごとに、自己評価を行ってみましょう。いつもできているときは◎、いつもではないができているときは○、あまりできていないときは△、できていないときは×をつけましょう。

	チェック項目	初期	中期	後期
実習態度	園にいらっしゃるだれにでも元気にあいさつができる。			
	意欲的・積極的に自分から声をかけられる。			
	社会人として適切な言葉づかい・敬語が使える。			
	適切な服装および清潔を保つことができる（化粧・爪きり・歯磨き・洗髪など）。			
	遅刻・欠席ならびに忘れ物や紛失などをしていない。			

	初期〜中期 目標・課題・配慮点	中期〜後期 目標・課題・配慮点	合計			
				◎　3点		
				○　2点		
				△　1点		
				×　0点		
				合計点を出しましょう。		

	チェック項目	初期	中期	後期
子どもとのかかわり	子どもたちに自分から子どもの名前を呼んで声をかけいつも笑顔で対応できる。			
	子どもが好きな遊びをいっしょに楽しんだり、保育技術（手遊びや歌、読み聞かせ）を取り入れることができた。			
	一人の子どもとのかかわりに集中していない（いろいろな子どもたちとかかわることができた）。			
	一人ひとりの個性や性格、状況に合わせてかかわることができた。			
	遊びだけに流されず、生活の場面でしてはいけないことやすべきことについても子どもたちを援助できた（片づけ、手洗いなど）。			

	初期から中期に向けての目標や課題、気をつけること	中期から後期に向けての目標や課題、気をつけること	合計			
				◎　3点		
				○　2点		
				△　1点		
				×　0点		
				合計点を出しましょう。		

チェック項目	初期	中期	後期
毎朝、自分から元気にあいさつすることができる。			
保育者や職員に、自分から声をかけ、いつも笑顔で対応できる。			
保育者から指導していただいたことは、素直に聞き、質問がある場合は率直にうかがうことができる。			
失敗や不手際があったときは、素直に謝ることができる。			
実習中、指導していただいていることに対して、感謝の気持ちを伝えることができる。			

職員とのかかわり

初期から中期に向けての目標や課題、気をつけること	中期から後期に向けての目標や課題、気をつけること	合計			

◎ 3点
○ 2点
△ 1点
× 0点
合計点を出しましょう。

チェック項目	初期	中期	後期
保育者の行っている保育の流れに合わせて動くことができる（次の活動に移っていくための準備や手伝いができる）。			
保育者の行っている保育の流れに先立って、保育を予測しながら動くことができる（次の活動に移っていくための下準備などの手伝いや片づけや清掃なども含む）。			
園や施設の各部屋や園庭の配置を理解するとともに、配属クラスや場所の清掃道具の取り扱いおよび清掃ができる。			
配属クラスの1日の流れやデイリープログラムを理解し、時間を見ながら予測して動くことができる。			
子どもの安全面への配慮に気づくことができる（危険な事柄や事物を取り除くことができる）。			

保育への理解や環境への配慮

初期から中期に向けての目標や課題、気をつけること	中期から後期に向けての目標や課題、気をつけること	合計			

◎ 3点
○ 2点
△ 1点
× 0点
合計点を出しましょう。

クラス	
番　号	
氏　名	

	チェック項目		初期	中期	後期
実習生としての学習活動	わからないことや気づいたことを毎日、保育者に質問したり、報告できる。				
	実習日誌は、毎日、規定どおりに提出し、ノートの取り扱いをていねいに、誤字脱字がないように配慮できている。				
	その日の出来事を、客観的に事実に沿って観察し、記録することができている。				
	自分が体験したり観察した事実について、素直な感想を書くことができている。				
	自分が体験したり観察した事実について、感想を一歩深めて、考察したことをノートにまとめることができている。				
	初期から中期に向けての目標や課題、気をつけること	中期から後期に向けての目標や課題、気をつけること	合計			

◎　3点
○　2点
△　1点
×　0点
合計点を出しましょう。

評価　5つの項目について、自分の成果を検討してみましょう。各項目の合計点を算出し、アナグラムで示して、また初期、中期、後期のそれぞれの実習段階でのアナグラムを色違いで表記して、進歩の度合いを確かめてみましょう。苦手・不得意な部分を意識して、克服していきましょう。

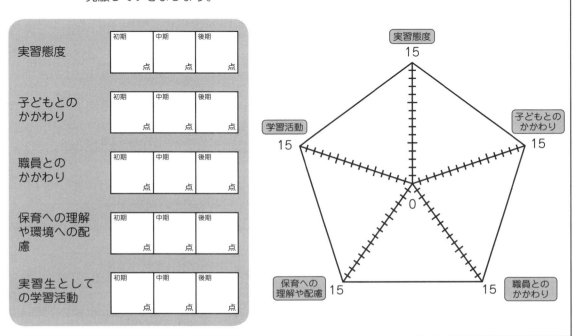

保育者とのかかわり方と身だしなみ・マナーチェックシート

実習生としての保育者（職員）とのかかわり方と身だしなみやマナーについて、該当欄にチェックを入れ、評価してみましょう。

		日ごろの様子	いつもそうだ ☆☆☆	わりとそうだ ☆☆	あまりそうでない ☆	そうではない …
保育者とのかかわり方	1	毎朝、職員や保育者に自分からあいさつをしたり、声をかけたりすることができる。				
	2	保育者と話をするのが苦手で、自分からは話しかけたり、目を合わすことができない。				
	3	保育者にほめていただいたときは、素直に「ありがとうございました」とお礼を言うことができる。				
	4	自分から質問をすることがなかなかできない。				
	5	失敗したり、迷惑をかけてしまったときは、素直に「すみませんでした」と謝ることができる。				
	6	自分の気づいたことや意見を保育者に伝えることができない。				
	7	話をするときは、適切な声の大きさで、はきはきと話すことができる。				
	8	保育者に注意されたり、指摘されると反抗的な態度になってしまうことがある。				
	9	保育者とかかわるとき（あいさつや会話等）は、いつも相手の顔を見て笑顔で対応している。				
	10	実習期間中、1日の最初に「今日もよろしくお願いします」とあいさつをしなかった日がある。				
身だしなみ・マナー	11	清潔な衣服を身につけ、着くずしたりしていない。				
	12	歩くとき、かかとの音を立てたり、踏んづけたりしている。				
	13	髪型はまとめたり短くし、表情が隠れないようにしている。				
	14	忙しくてシャワーや入浴ができていない。				
	15	毎日、顔を洗い、歯磨きをしている。				
	16	爪がのびている。				
	17	口臭や体臭に気をつけている。				
	18	ハンカチを忘れたり、毎日取り替えるのを忘れる。				
	19	書類はていねいに扱うように心がけている。				
	20	目上の人や外部の人に、正しい敬語で話すことができない。				

奇数項目と偶数項目別に合計点を算出しましょう。（☆☆☆3点、☆☆2点、☆1点、…0点）

奇数項目の合計点	点	偶数項の合計点	点

奇数項目	偶数項目
望ましい ←	→ 望ましくない

点 30 — 20 — 10 — 点 0 — 10 — 20 — 点 30

➡ 自分がどのように他者から評価を受けたいか、どのように認められたいかを考えて、自分自身の行動を自分で調整してください。

クラス	
番 号	
氏 名	

実習中の疲労解消チェックシート

実習中の疲労について確認してみましょう。

実習中は、慣れない生活リズムと環境で疲れがたまってしまいます。肉体的な疲れ、精神的な疲れ、いろいろあると思います。しかし、疲れをためてばかりでは、よい実習も行えません。少しでも解決できるよう下記の項目で疲れをチェックし、自分がどの程度疲れているのか確認し、疲れに応じた対策法を読んで参考にしてみましょう。

	疲労の中身	ある	少しある	ない
1	心身ともに疲れているけど、心地よく、がんばっていると感じる	3	2	1
2	顔の筋肉が痛い	3	2	1
3	腰が痛い	3	2	1
4	体中が痛い	3	2	1
5	気疲れしている	3	2	1
6	睡眠不足	3	2	1
7	のどが痛い	3	2	1
8	人間関係に疲れている	3	2	1

「疲労の中身」に合わせて、下記の「対応策」と照らし合わせて、自分自身の解決法を考えて、疲労を少なく、有意義な実習が送れるよう努めましょう。

	疲労の中身	対応策
1	心身ともに疲れているけど、心地よく、がんばっていると感じる	ふだんの学校生活より心身ともに疲れはするが、実習になると元気になる学生さんもいます。あなたはそのタイプですか？ 前向きに積極的に意欲的に実習にチャレンジしているのでしょう。この調子でがんばってください。ポジティブな考え方は、体の免疫機能を上げて、人を元気にします。何ごとにもポジティブにチャレンジ！ でも十分な睡眠と栄養、リフレッシュも忘れず、体調管理も忘れないでください。
2	顔の筋肉が痛い	しっかり、笑顔が出ているようですね。子どもたちとのかかわりでは、ふだん大人相手の生活よりも表情を豊かにする必要があります。顔の表情筋に疲れを感じるということは、豊かな表情で笑顔ができている証拠だと思います。この調子でがんばってください。顔の筋肉のストレッチやマッサージをすると筋肉がやわらぎ効果的です。
3	腰が痛い	保育や児童福祉の現場では、大人だけで生活している場面よりも重いものを持ち上げる機会が多いのです。腰を折り曲げるのではなく、ひざを曲げて腰を下げる、しゃがむという姿勢をとることが大切です。身長165cm以上であれば、とくに子どもとかかわるときには、腰を下げてかかわりましょう。子どもを抱き上げるときなども、おしりを下げてしゃがんでから抱き上げると腰への負担が減ります。
4	体中が痛い	日ごろの運動不足か、子どもたちとのかかわりで体をいっぱい使っているのか、いずれにしてもがんばっている証拠でしょう。休息やリフレッシュの時間も取りましょう。お気に入りのアロマ入浴剤などをたまに使って、体の緊張をほぐしましょう。
5	気疲れしている	実習中ですから、ふだんどおりというわけにはいきません。新しい環境ですから、気疲れも当然です。日が経つにつれて慣れてきていますか。担当の保育者とはしっかりコミュニケーションがとれていますか？ 笑顔でのあいさつ、「よろしくお願いします」「ありがとうございました」を忘れないようにしましょう。とにかく、笑顔が一番です。
6	睡眠不足	これは、実習日誌を夜遅くまで書いているからでしょうか。疲れすぎていると、興奮状態で寝つけないこともよくあります。寝不足を解消するのは、実習生の一番の課題です。実習日誌を短時間で書き、少しでもリラックスできる時間をとれるように工夫しましょう。

7	のどが痛い	季節が冬なら、風邪の恐れがあります。しっかりとうがいをして、ハチミツレモンや生姜湯などを飲んで、のどをいたわりましょう。あるいは、声を張り上げすぎている場合もあります。声が大きすぎると、子どもも相乗効果でさらに元気になるので、ついつい大きすぎる声を出してしまう場合があります。つねに大きな声を出す必要はありません。少し、声のトーンを落としてささやくように話すと、子どももよくお話を聞こうと静かにみなさんの声に耳を傾けるはずです。あるいは、アレルギー体質の方は、違った環境でいつもと違うほこりにさらされるとアレルギー反応が出るかもしれませんね。緊張というストレスもかかっています。実習時間中も、子どもたちといっしょに頻繁にうがい、手洗いをしっかりして、体調管理に努めましょう。
8	人間関係に疲れている（対職員の場合）	多くの実習生が悩むことの一つです。実習先の保育者の方との意思疎通でトラブルを抱えているのでしょうか。うまくかかわれないというのはとてもつらいものです。自分自身に何か落ち度はないでしょうか。もし、「私が悪いかも？」と引っかかっていることがあるなら、素直にお話しして謝りましょう。1つの素直な謝罪で人間関係がとてもスムーズにいくこともあります。あるいは、「私は悪くない！」と思う場合は、「謝るなんてとんでもない」と感じるでしょう。たしかに、こちらの立場からみると、まったく悪くないのかもしれません。おそらく悪くないでしょう。けれどもわれわれ対人援助者は、自分の立場を中心にして人間関係を見ていては、プロにはなれません。実習生は学生ですが、そのプロを目指す学生ですから、自分の立場から離れて、相手の立場や子どもたちの立場から自分を振り返ってみることも必要です。そうすると、気づかないうちにミスを犯していることもあるのです。自分以外の立場から考えて自分の取った行動がどのような影響があるか考えてみましょう。自分で考えてわからなければ、自分と異なる立場の人（実習先に信頼して話せる保育者がいたらその方に、いなければ養成校の先生）に話してみて、意見を聞いてみましょう。がんばって、いろいろ考えてみても、やっぱり「私は絶対悪くない」という場合は、本当につらいですね。もしかしたら、意地悪な人に当たってしまったのかもしれません。あるいは、疲れすぎていて人にやさしくできない状態の人なのかもしれません。実習生から指導者として信頼を得られない職員にも問題があると思います。そのような人はおそらく職場でも、まわりの人から信頼はされていないでしょう。でも、みなさんはプロを目指すために学習しているのですから、そのようなマイナスの職員に影響されて、自分のせっかくの学習の機会を台なしにする必要はありません。負けずに、笑顔でかかわってください。実習が終わるころには、あなたはとても強くなっています。世の中、人に意地悪をする人は悲しいことですがたくさんいます。児童福祉や保育の世界でも残念ながら少なくありません。その証拠に、たくさんの事件が起こっています。ですから、逆に考えると、意地悪してもらったおかげで、実際に職員になったとき、そういうよくない職員に立ち向かう強さを学ばせてもらったともいえるわけです。実習生、タフでなければなりません。同じように、ふてくされて、反抗して、嫌な態度でかかわれば、同じ穴のムジナです。負けずに、笑顔でがんばってください。
	人間関係に疲れている（対子どもの場合）	子どもとの関係に疲れている……。これは、つらいですね。もし、児童養護施設でお世話になっているなら、それは当然のことです。困難な人間関係のなかで育った子どもたちです。そうそうお気楽にはいきません。無理にかかわろう、仲良くなろうとはせず、自分がすべき、学ぶべきことをこつこつと誠実に実践してください。子どもたちとの生活の時間に寄り添って、行動してください。みなさんのそのような姿をかならず子どもたちは見ています。直接、話したり、かかわったりするだけが、援助や支援ではありません。みなさんの誠実で真摯に取り組む姿勢を見せることも間接的な援助や支援になることを忘れないでください。また、知的障がいを抱えた子どもたちとのかかわりに悩んでいますか。はじめて障がいを抱えた子どもとかかわる人は、戸惑うことも多いでしょう。実習先の保育者のかかわり方をよく観察して、そして直接、教えていただきましょう。とくに自閉傾向のある子どもたちにかかわるときは、無理にかかわりを求めず、相手のペースに合わすことも大切です。また、何らかの問題行動やパニック行動がある場合は、慎重に動くことも大切です。かれらのそのような行動の引き金にならないよう、どのような場面で問題行動が起こるのか、パニックが起こるのかよく観察して、不必要な刺激を与えることは控えるべきです。問題行動はまわりを巻き込み、大変な騒ぎになることもありますが、やはり本人が一番切なくつらいのです。みなさんのほうがびっくりしてしまっては、場合によっては恐怖を感じてしまうこともあるかもしれません。自分の感情的な側面だけにとらわれず、場面や状況の観察も怠らず、支援者としてどう動くべきか、実習先の職員に教わってください。みなさんも怖かったかもしれませんが、問題行動を起こした本人も同じように動揺しているということを忘れないでください。

「疲労」少しはとれたでしょうか。ここで説明した以外にもさまざまなストレスがたまっていることもあるでしょう。一人で抱え込まず、友だちや養成校の先生に相談しましょう。無駄なストレスはためず、有意義な実習を送ることができるよう心がけましょう！

EXERCISE
エクサ
サイズ

実習のまとめについて

クラス	
番 号	
氏 名	

保育をするうえで大切なことをまとめていき、実習のまとめをしましょう。今回の実習体験を総括・概観し、自分自身の保育や学習内容を振り返るとともに、クラスで体験や考え方にもふれ、柔軟なものの見方や感じ方を身につけましょう。

① 今まで取り組んできたワーク、エクササイズなどを読み返し、下記の項目について「子どもの育ちで大切なこと・大事にしたいこと」と「配慮点・大切にするためにすべきこと」についてのキーワードを記入してみましょう。一言でまとめにくいと思いますが、各自が記入したワークをよく読み、なるべく簡潔にキーワードを拾い起こしてみましょう。
② 書き込み終わったら、クラスメイトとグループディスカッションを行ってみましょう。
③ 話し合いを行いながら、自分以外の友だちの考え方や感じ方などを吸収しましょう。
④ 最後に話し合いの結果、「気づいたこと」についてまとめてみましょう。

	項目	子どもの育ちで大切なこと・大事にしたいこと	配慮点・大切にするためにすべきこと
子どもの育ちと生活	心の発達		
	体の発達		
	人間関係 仲間関係		
	健康面		
	安全面		
	生活習慣		

項目	子どもの育ちで大切なこと・大事にしたいこと	配慮点・大切にするためにすべきこと
子どもと直接かかわる仕事		
子どもと間接的にかかわる仕事		
専門知識		
専門技術・専門技能		
チームワーク		
保育者の資質・人間性		
職業人としての基本的姿勢		
保育者としてのマナーや礼儀		

保育者の仕事

自分の意見・クラスメイトの意見を概観して、話し合い、気づいたことについてまとめてみましょう。

　本文の各シートに右記のマークがある設問には、設問に対する解答および模範例を下記に示してありますので、自分自身の解答等と合わせて確認しましょう。

1～3 ── 設問番号

answer
P.180

── 解答および模範例
掲載ページ

P.14 エクササイズ　1

a	×	b	○	
c	○	d	×	
e	×	f	×	
g	×	h	×	
i	×	j	×	

P.17 ワークシート　1

・子どもの育ちの変化を見ることができる。

・発達に応じた保育内容、保育方法を知ることができる。

・季節によって展開される保育内容、使用する教材の違いを知ることができる。

・子どもの育ちに合わせて保育者の保育の仕方がどう変わるか確認できる。

・実習で学んだことを養成校の授業で確認し、授業で学んだことを実習で確認するという相乗効果が得られる。

P.17 ワークシート　2

・毎日、顔を合わせるので子どもと仲良くなれる。

・「明日また」と約束ができ、実習生と子どもの関係が築ける。

・一人ひとりの子どもの違いを見つけることができる。

・日によって子どもの機嫌が変わり、それが遊びに表れてくることがわかる。

・週の初めと終わりでは子どもの様子が違うことを実感でき、集団生活と家庭生活の生活の違いを実感できる。

・実習生自身が園生活のリズムに慣れる。

P.17 ワークシート　3

＜4年制大学の場合＞

教育実習	1年次1週間	3年次3週間
保育所実習	2年次2週間	3年次2週間
施設実習	3年次2週間	

＜2年制短期大学の場合＞

教育実習	1年次2週間	2年次2週間
保育所実習	1年次2週間	2年次2週間
施設実習	2年次2週間	

P.18 ワークシート　4

園の雰囲気、子どもの様子、保育者の様子（言葉づかい、服装・髪型など）、保育の状況（設定保育、自由遊びの様子、内容など）、保育室の広さ、採光、教具・教材の種類や量、園庭の広さ、固定遊具など

P.18 ワークシート　5

・観察したい内容、ポイントをあらかじめ考えておく。

・保育の妨げにならない位置にいるよう気を配る。

・メモは手早く、要点を書くようにし、子どもの関心が集中しないよう気をつける。

・表面的な見学ではなく、深く読み取ろうとする姿勢が必要である。

P.18 ワークシート　6

・参加実習とは、子どもや保育者の活動に加わり、いっしょに遊んだり、行動したりする実習。

・子どもといっしょに遊びながら子どもの動き

や考え方を観察する。

・保育者の仕事を手伝いながら、保育者の動作
や言葉かけを模倣してみる。

P.18 ワークシート 7

・日程はあらかじめ担任保育者と相談する。

・クラスの月案、週案をよく読み、保育の流れ
に適した活動を設定する。

・内容によっては、晴天用と雨天用を用意する。

・場所、教材については担任保育者と相談する。

P.21 クイズ

1．○　　　2．×　　　3．×　　　4．×

5．○　　　6．×　　　7．○　　　8．×

9．×　　　10．○　　　11．×　　　12．○

13．○　　　14．○　　　15．○　　　16．×

P.23 クイズ

1．3／就学前　　　2．4

3．生活の場／他者との関係／興味や関心

4．循環　　　5．生活習慣／遊び

6．①集団生活　②援助　③環境

7．①信頼関係　②直接的　③友達

8．学校　9．相談／施設や機能　10．39週

P.25 クイズ

1．0歳児（ 3 ）名　　1歳児（ 6 ）名
　2歳児（ 6 ）名　　3歳児（ 20 ）名
　4歳児（ 30 ）名　　5歳児（ 30 ）名

2．① c 児童福祉法　　② d 保育を必
要とする乳児・幼児の保育　③ d 0歳
から就学前　　④ c 8時間

3．① c.児童福祉　j.39　g.乳児
i.幼児　o.下から　s.その他の児
童　o.下から

② k.厚生労働

③ d.親　t.母親の妊娠、出産

④ a.0　f.就学前

⑤ r.内容　q.安全　m.子育て
h.資質向上

⑥ l.8　　n.延長

⑦ p.福祉事務所　e.必要

P.27 クイズ

1．0歳児：おおむね（ 3 ）人
　1・2歳児：おおむね（ 6 ）人
　3歳児：おおむね（ 20 ）人
　4・5歳児：おおむね（ 30 ）人

2．①39　②4　③8

3．① a.3　b.3　c.保育　② d.保育教諭，
③ e.0　f.一貫した　g.連続性　④ h.在
園時間　i.生活リズム　⑤ j.学級による集
団活動　k.異年齢の園児による活動

P.29 クイズ

1．○　　　2．×　　　3．×　　　4．○

5．×　　　6．×　　　7．×　　　8．×

9．○　　　10．○　　　11．○　　　12．○

13．○　　　14．○　　　15．×

P.31 エクササイズ 2

1．○○ちゃんは私のこと気に入ってくれたのか
な。うれしいね。じゃあ、ほかへ行かないから、
ここにお友だちを呼んでいっしょに遊ぶよう
にしようよ。○○ちゃんと私は手をつないで
いるから離れないでしょ。みんながきても大
丈夫よ。

2．わぁー、私のこと気にしてくれているみた
いね。私は○○ちゃん好きよ。2人でいっしょ
にできる遊びを何かしようよ。○○ちゃんの
好きな遊び教えて……。

P.39 クイズ 1

a.座る　b.はう　c.歩く　d.特定　e.情緒的
f.歩く　g.走る　h.跳ぶ　i.排泄　j.つまむ
k.めくる　l.食事　m.自分で　n.発声　o.語彙
p.欲求　q.言葉　r.動作　s.生活習慣　t.語彙
u.知的　v.仲間　w.仲間　x.自覚　y.集団的
z.協同的

P.40 クイズ 2
1．×　　2．○　　3．×　　4．○
5．×　　6．○　　7．×　　8．×

P.40 クイズ 3
1．・身体機能がまだ未熟なので、子どもから目
　を離さないようにし、安全にはつねに注意する。
・人見知りする子どもには、無理にかかわるの
　でなく少しずつ慣れていくようにする。
・たとえ言葉が話せなくてもこちらからやさしく
　語りかけたり、表情や身振りなどから子どもの
　気持ちを汲み取って受容的にかかわっていく。
・たとえ自分でうまくできなくても子どもの“自
　分でやりたい”という気持ちを尊重しながら、
　できないところはさり気なく援助していく。
2．・身体機能は発達してくるが、活動的になる
　ので安全には十分注意する。
・一人ひとりとのかかわりを大切にするととも
　に、子ども同士が友だちと遊ぶ姿を大切にし
　ながらかかわっていく。
・けんかはすぐに止めるのではなく、自分たち
　で解決できるときには子どもに任せていく。
・集団の活動でも指示的な言葉は避け、子ども
　が主体的に動けるように留意する。

P.45 エクササイズ 1
1．なさる　2．おっしゃる　3．ご覧になる
4．お会いになる　5．思う　6．存ずる
7．お尋ねになる　8．うかがう　9．食べる
10．いただく　11．お受け取りになる
12．与える　13．差し上げる、お上げする
14．お聞きになる　15．うかがう
16．お知りになる　17．存ずる　18．話す
19．お話しする　20．書く　21．お書きになる
22．わかる　23．おわかりになる

P.45 エクササイズ 2
・当日の実習指導者の指示に従う。部分実習・
　責任実習で必要な場合には許可を得る。
・物品の管理者に使用理由を伝え、許可を得る。
・いつ返却するのかを伝える（コピーなどの場

合は何枚かを伝える）。
・物品を大切に使う。
・破損した場合、直ちに実習担当者、管理者に
　報告する。
・破損した場合は、弁償する。きちんと謝る。
・破損した物品の値段によっては、保険などの
　手続きが必要となるので養成校へも連絡する。
・返却時間、時期はかならず守る。
・元の場所にきちんと返却する。
・管理者にていねいにお礼を述べ、実習担当者
　に返却したことを伝える。

P.46 エクササイズ 3
1．×　午後にお願いします。
2．×　明後日の午後にうかがうと申しており
　ました。
3．○
4．×　指導案を見ていただきたいのですが、よ
　ろしいでしょうか。
5．○
6．○
7．×　おりません。

P.79 クイズ
a．計画性　b．教育課程　c．指導計画
d．長期的な見通し　e．幼児の生活
f．仮説　g．柔軟　h．変えて
i．全体的な計画　j．個別的　k．主体性

P.92 スタディ
修正前の実習日誌（考察部分抜粋）
　　今日は、子ども同士のかかわりの様子に着目
してみました。多くの子どもたちは、好きな友
だちと誘い合って思い思いの遊びを楽しんでい
るようでした。先週実習させていただいていた
3歳児クラスでは、友だちと遊ぶきっかけを先
生がつくってあげている場面が何度もみられま
したが、4歳児の2学期ともなると先生の手助
けを借りずに自分から友だちを誘って遊べるこ
とがわかりました。

一方、TちゃんやOちゃんのように友だちとはかかわらずに1人で遊んでいる子どももいました。寂しくないのか、友だちと遊べないのかと心配になりました。明日も、Tちゃん、Oちゃんの様子を観察してみようと思います。

↓

修正後の実習日誌（考察部分抜粋）

今日は、子ども同士のかかわりの様子に着目してみました。多くの子どもたちは、好きな友だちと誘い合って思い思いの遊びを楽しんでいるようでした。先週実習させていただいていた3歳児クラスでは、友だちと遊ぶきっかけを先生がつくってあげている場面が何度もみられましたが、4歳児の2学期ともなると先生の手助けを借りずに自分から友だちを誘って遊べることがわかりました。

一方、TちゃんやOちゃんのように友だちとはかかわらずに1人で遊んでいる子どももいました。寂しくないのか、友だちと遊べないのかとそのときは感じましたが、今思い起こしてみるとTちゃんは牛乳パックと空き箱を使ってもくもくと何かを作っていました。決して友だちと遊ぶ姿だけが望ましい姿なのではなく、1人で何かにじっくりと取り組むことも子どもの成長の姿なのではないかと考えました。また、Oちゃんはクラスの仲間が砂場で山を作っている横で砂をシャベルですくったりバケツに入れたりして遊んでいました。いっしょには遊んでいませんでしたがときどきクラスの仲間の遊びの様子を見てはにこにこと楽しそうなOちゃんの表情を思いだし、大学で学んだ「平行遊び」のことが思い起こされました。同じ学年の子どもたちであっても一人ひとりその発達の姿は異なるということも学んでいましたが、ほんとうにその通りだということが実感されました。そして、先生がOちゃんを見守る姿を見て、無理に友だちと遊ばせるのではなくその発達の姿を受け止めながらかかわっていくことが大切なのではないかと思いました。

P.115 イメージアップ

1. 園に電話を入れ、実習担当の保育者に、風邪のために実習を休ませていただきたいことをお願いする。養成校の担当者に連絡をする。追実習の日程を決め、病院で診察を受け、診断書をもらう。実習後、診断書と追実習願いを養成校に提出し、追実習の手続きをする。（養成校のルールに従うこと）

2. 保育者に至急連絡をする。その場から動くことができない場合、周囲の子どもに呼びにいってもらうなどして、早急の対応をする。応急処置ができる場合は、応急処置をする。

3. 教えない。子どもにどう対応したらよいか、園の保育者とも相談する。

※下記に、対応例を上げてあるので、園と相談して具体的な対応を決めるとよいでしょう。

・お姉ちゃんのほうから手紙書くねと、自分から、園の住所宛てに手紙を書く。

・子どもが書いた手紙を、園の先生に預かっていただいて取りに行く。返信用封筒を預けておき、まとめて送っていただく。

・どうしても手紙を出したい場合は、養成校の住所宛てに書いてもらう（宛て先に学科名も入れないと届きません）、など。

4. 朝自宅を出て、夕方自宅に戻るまでが実習と考えること。通勤途中の服装・態度も実習生（保育者）として、近隣の人や保護者から見られていることを自覚すること。

P.116 クイズ 1

1. ×　　2. ×　　3. ○　　4. ×
5. ○　　6. ×　　7. ×　　8. ○

P.116 クイズ 2

1. ○　　2. ×　　3. ○　　4. ○
5. ○　　6. ○　　7. ○　　8. ○

P.117 クイズ 3

1. ×　　2. ×　　3. ○

P.117 クイズ 4

1. ×　　2. ○　　3. ○　　4. ×

5. ×　　6. ×

P.117 クイズ　5

1. ○　　2. ×　　3. ○　　4. ○
5. ×　　6. ○　　7. ○　　8. ○
9. ○

P.117 クイズ　6

1. ×　　2. ○　　3. ○　　4. ×
5. ×　　6. ×　　7. ○

P.126 クイズ　1

1. ×　　2. ○　　3. ×　　4. ×
5. ○　　6. ×　　7. ×

P.126-127 クイズ　2

1. ①封書　　②敬体
2. ①尊敬語　　②謙譲語　　③ていねい語
3. ①主文　　②後づけ　　③拝啓　　④敬具
　　⑤前略
4. ①最後　　②最初
5. 体験したことなどオリジナルな
6. ①今後とも　　②指導　　③お礼
7. ①自筆　　②1週間

P.127 クイズ　3

①6　　②8　　③1　　④9　　⑤10
⑥5　　⑦2　　⑧4　　⑨12

STEP UP
解答および模範例

P.145　4

　まず、なかなか友だちの輪に入ろうとしない子どもと少しでも話ができる環境をつくってみるよう配慮する。もし、たくさんの子どもたちに囲まれてしまったら、「○○ちゃんとお話ししてから遊びに入ってもいい？」などと、その子どもと話をしたいことをまわりの子どもたちに伝える。それから、まず、「いっしょに2人で遊んでみない？」と提案するとよい。2人で楽しく遊べるようになったら、「今度はいっしょにみんなで遊んでみない？」と少しずつ提案するよ

う配慮する。その際、まだ、大勢で遊ぶことに抵抗がある場合には、むりやり仲間に入ることを進めたりせず、みんなで遊ぶことに興味をもちはじめているタイミングを見逃さず声をかけることができたらベストである。

P.146　1

0歳児　　①　保育所、認定こども園、乳児院
②・3か月ころに首が座る。
・4か月を過ぎると喃語を発し、人の動きに反応して自分の要求を伝えようとする。
・5か月ころには寝返りをうち、床に座ったりすることもできはじめ、このころから離乳がはじまる。
・9か月近くなると、はいはいでどこでも行けるようになる。
・0歳児後半では、つかまり立ちをしはじめる子どももいる。
③・月齢により睡眠のリズムも大きくかわるため、生活のリズムへの配慮が必要である。
・6か月以降は、感染症にかかりやすいため、清潔や疾病の予防などへの注意が必要である。
・はいはいがはじまると活動範囲が広がるため、0歳児後半は、誤飲防止など周囲の環境の安全面への配慮が必要である。
・情緒面では、基本的信頼感や愛着を形成する大切な時期であるため、スキンシップを大切にすることが重要である。
1～2歳児　　④　保育所、認定こども園、乳児院
⑤・運動機能の発達の変化の激しい時期である。
・発達の遅い子どもでも1歳半くらいまでには歩行が可能となり、活動範囲を急激に広げ探索行動などが多く見られる。
・大人の話がわかり、喃語や一語文から二語文への移行期で言葉の発達も著しい時期である。
・0歳児とは異なり、昼寝を1日1回1～2時間程度し、生活のリズムがつくられていく。
・食事は自分で食べようとするようになる。

・2歳を過ぎると、身辺の自立がはじまる。

・大人の援助を嫌い「いや」「自分で」を連発する。

・模倣もさかんに見られ、大人とのやりとりを楽しむ。

・遊びは一人遊びが中心で、大人を介して他の子どもとかかわる姿も見られる。

⑥・1歳後半から2歳ころになると、大人の援助を拒絶し、かかわりがむずかしく、とまどうこともあるが、自我の健全な育ちであるため、根気よく見守る。

・子どもの行動はまだまだ満足のいく成果につながらず、かえってかんしゃくを起こす子どもも見られるが、子どもの取り組みを見守り、受け止めるような援助が大切である。

・活動範囲はさらに広がるうえ、好奇心が強く、衝動的に動きまわるため、安全面においては、とくに配慮が必要である。

3歳以上児　　⑦　幼稚園、保育所、認定こども園、乳児院、児童養護施設等

⑧・3歳児は月齢による身体面・精神面の発達の差が大きい時期である。

・3歳児になると、生活全体はリズムがつき、生活習慣の自立を確立していくため、自分でやりたいという欲求とやってほしいという依存心が見られる。

・3歳未満児のころは、一人遊びが中心であった遊びも、他者と集まって遊ぶことに興味をもちだし、集まって遊ぶことを通して「仲間」といっしょに楽しむことの喜びを経験しはじめる。

・4歳児ころには、自我意識も強く、ぶつかり合いも多く見られる。

・4〜5歳になると身のまわりのことはほとんどできるようになる。

・5歳児は、自我はよりいっそうはっきりし、子ども同士のけんかが多く見られるが、他の子どもに自分の気持ちを伝えることができるようになるため、同じ意識をもち仲間と遊びを楽しむ姿も見られる。

・運動機能の発達も著しく、自分の思ったとおりに動くことができ、運動遊びも積極的に楽しむ。

⑨・3歳を過ぎると、生活習慣でもできることとできないことにも個人差が大きくなるため、発達の道筋をきちんと理解して、適切な援助を心がけることが大切である。

・他の子どもができているからといって、全員が同じようにできるようになることばかりに目を向けないように気をつける。

・遊びを中心とする活動では、子どもなりのイメージをもって行うようになるため、子どもの満足感や達成感を妨げないような適切な援助が大切である。

・子どもの興味関心をきちんと観察し、環境構成などにも十分な配慮をする必要がある。

・けんかや主張も多く見られる時期であるため、お互いの意見が伝い合えるような言葉かけなどの配慮も必要である。

P.147　2

学　童

①　児童養護施設、児童館等

②　学童期は、子どもの世界がさらに広がっていく時期である。身体的・精神的能力のさらなる発達、社会性・勤勉性・道徳性などの発達や獲得、幼児期に基礎固めをした生活習慣の自立などがキーワードとなる。自尊心や自己肯定感、自己効力感などを培い、意欲的に生活・学習・活動していけるように育む。

　とくに、仲間との結びつきを大切にし、友だちといっしょに活動し、複数の仲間集団を形成し、徒党を組んで行動することを好む。

　このような親密な人間関係を経験するなかで、人間関係の調整能力の発達が促される。友だちといっしょであることが子どもにとって最高に価値あることになるため、そういった子どもの価値観によりそい見守ることが必要である。

また、幼児期に形成された基本的生活習慣について、自己管理できるよう援助し、毎日の生活を自分で律していく真面目さを身につけることも必要である。基礎的な学力についても年齢にふさわしい理解ができるよう、学習姿勢の基本を身につけられるような支援も大切である。

思春期

③　児童養護施設等

④　中学生になると、身体的には成熟が始まり、大人と子どもの間でさまざまに揺れ動く。行動面でも精神面でも、今までとは異なり、極端に激しくなったり、変化の激しさが目立つ時期である。個人差も激しく、個人の内面でも些細なことで気分が変わり悩みがつきない。友だちの一挙手一投足まで気になり、些細なことに反応したりして、大人からみると仲がよいのかわるいのかわからない場面もあり、内面や人間関係も複雑になる。

　大人や現実社会の妥協や合理性などが目につき、卑怯に見えたりし、ますます大人との関係に距離感をもつ子どももふえるが、子どもを突き放してはならない。子どもの様子をよく見、言動や人間関係をていねいに観察し、見守る姿勢をとることが大切である。

　また、直接的な行動をとらえるだけでなく、行動の結果や所産、成果など（たとえば、子どもの書いた作文、学業成績、日ごろの取り組み方など）にも注意をして子どもの変化を見逃さないようにすることも大切である。

障がいを抱えた子ども

⑤　保育所・幼稚園（統合保育）、知的障害児施設、肢体不自由児施設等

⑥　障がいを抱えた子どもとかかわる場合は、障がいの内容について正しい知識や認識をもっていることが重要である。個人情報保護の観点から、子どもの症状について詳しく教えてもらえないケースもあるが、少なくとも日々の生活のなかでの子どもとのかかわり方や配慮点などは実習担当者から教えてもらい、今、目の前にいる子どもの状態を客観的にきちんと把握することが必要である。

　身体障がいを抱えた子どもの場合は、けいれんや発作などが起こった場合やちょっとした転倒から、命の危険にさらされるケースもある。知的障がいを抱えた子どもの場合は、日常生活レベルの理解力やコミュニケーション力によって、かかわり方が大きく変わる。やはり、障がいによって引き起こされる日常生活でのさまざまな問題行動についての理解が必要である。

　こだわり行動やパニック行動など、健常者が日常生活では経験しないような反応が引き起こされることもあるので、職員に対応の仕方を教えてもらいながらあせらず適切にかかわれるように学習する。

傷ついた子ども

⑦　児童養護施設、乳児院、母子生活支援施設等

⑧　子どもへの虐待は身体的なものから心理的なものまでさまざまなものがあり、ひどいケースになると、子どもに PTSD の後遺症が残っている場合もある。子どもたちのなかにはそのようなつらい経験をし、特別なケアを保育者から受けながら、人間的に回復していくことをめざして取り組んでいる子どももおり、かかわる際には、メンタル面においても十分な配慮が必要である（なお、実習生がこのような子どもの対応を任されるようなことはないようだが、上述のようなことは理解しておこう）。

P.148　1

8 時間を越える開所が延長保育となる。11 時間保育が一般的となったため、国は 11 時間を越える延長保育に力を入れている。

P.148　2

一時保育とは、専業主婦等の緊急・一時的な保育を行うものをいう。

P.149　3

特定保育とは、保護者の就労形態の多様化等（毎日の勤務でない、時間的に短い等）に伴う柔軟な保育を行うものをいう。

P.149　4

休日保育とは、保護者の勤務形態の多様化に対応し、日曜や祝日に行う保育をいう。

P.149　5

夜間保育とは、おおむね午前11時から午後10時までの11時間の保育を行うことをいう。夜間保育のみを行う保育所で行うことが基本である。しかし、ニーズの多様化のなかで通常の保育所でも認可施設の定員内で通常保育と夜間保育を実施することができることとなっている。（国はおおむね午後10時までの保育の設置を進めようとしている）

P.149　6

障がい児保育とは、障がいをもつ乳幼児の保育のことをいう。（障がい児の最善の利益を保障するためには、多くの課題がある領域といえる）

P.150　7

地域子育て支援センター事業とは、子育てサークル、子育てボランティアの育成の支援や育児相談を行ったり、地域の保育資源の情報提供を行う事業のことをいう。

P.150　8

病後児保育とは、伝染性の病気の予後や、かぜのひきはじめなどの軽い症状や病気回復期にあるなど個別の医療的配慮の必要な乳幼児の保育を行うことをいう。

P.151

事例1：まず子どもをおもしろい遊びに誘ってみる。たいていはすぐには来ず、ますます親にくっついてしまうと思われる。その場合、「お母さんもいっしょに遊びませんか」と声をかけてみる。そして、その遊びを楽しそうに母親といっしょに遊んでみる。母親に「大人でも楽しいですね」と声をかけつつ、母親が楽しめるように配慮する。それから母親に声かけをする。母親に「親といっしょに遊びながら、だんだん親と離れていくので、無理に離そうとすると逆効果である」ことを様子を見ながら伝えていく。この際、説教口調にならないように留意しなければならない。

事例2：まず、ボーッと立っている子どもを遊びに誘い、次に集中できずにいる子どもも仲間に入れる。母親にもお子さんといっしょに遊ぶと楽しいですよと声をかけたりする。母親が入ってこないようなら、しばらくそのままにしておしゃべりの時間としてみる。15分くらいしたら、次に「お子さんといっしょに遊んでくださいますか」とやさしく親に声かけをしてみる。「子どもの遊びは大人でも楽しいですよね。お母さんも楽しんでください」などと声をかける。しばらく親子といっしょに遊び、遊びに必要なもの、不足しているものをもってきて渡したりなどの配慮をする。

P.152　1

事例1：「Aちゃん、どうしたの？」とやさしく穏やかに声をかけてみる。嫌がらないようであれば抱き上げ、安心できるようにAちゃんが一番落ち着くような抱き方を探してみる。また、Aちゃんが普段親しんでいるような歌をうたってみたり、保育室の中を歩いて壁面に飾られているものや窓の外を眺めたりしてAちゃんが見ているものを感じ取りながら「ことりさんがきたね！」などとやさしく語りかける。泣きやんだら膝の上にのせて座り、Aちゃんの好きそうな遊具をさしだしてみる。無理に引き離すのではなく、Aちゃんが自分から離れ、遊び出すのを待つようにする。

ポイント：泣きやませることを先に考えるのではなく、まず泣きたいAちゃんの気持ちに心から共感してあげることが大切である。そして、泣きたい理由を考えてみる。この場合、健康状

態に問題はないようなので精神的な問題が考えられるであろう。安心できるように包み込んであげたり、楽しい気持ちになるように歌をうたって聞かせたり、風景を見るなどして気分が変わるようにしてあげるとよいだろう。

事例2:「Tくん、がんばってるね!」と声をかけてみる。そばでしばらく様子を見守りながら、「もう少し」などとじゃまにならない程度に声をかける。また、「そのままボタンをひっぱってみてごらん」などとTくんの動きに合わせてアドバイスをしてみる。それでもむずかしい様子であれば「一人でがんばってえらいね」と声をかけながら、ボタンをかけやすいようにパジャマに手を添えてあげたり、穴にボタンを半分だけひっかけてあげたりして少しだけ手伝う。ボタンをかけることができたら「できたね!」と心から喜ぶ。

ポイント:まずはTくんががんばっていることを認め、ほめてあげることが大切と考えられる。また、声をかけるだけでなく、そばでがんばっている様子を見守るなど、温かいまなざしを向けてあげることも必要である。たえTくんの力だけではできそうもないと感じられても、Tくんの「自分でやりたい」という気持ちを尊重しながら、最後は「自分でできた」という感覚がもてるような手助けの仕方を考えてあげるとよい。できたときは、心からそ

の喜びを共感してあげることで次の意欲へつながっていくはずである。

事例3:「わぁ、楽しそうね」と遊んでいる子どもたちに声をかける。そして子どもたちの反応を受け止めながら、「でも、そろそろお弁当の時間みたい」と伝える。子どもたちが「もっと遊びたい」というようであれば、「そうね、楽しそうだものね。せんせいも遊びたいけど……でもお部屋では片づけをして待っているから、みんなが来なかったら困っちゃうと思うけど」と、子どもの遊びたい気持ちを受け止めつつも周囲の状況を説明して、これからどうしたらよいかを子どもたちが自分で考えられるように言葉をかける。また、可能であるなら「お弁当の後、続きをしよう」と提案する。

ポイント:子どもたちが楽しく遊んでいるその姿をまずは受け止め、共感してあげることが大切である。楽しんでいるところにいきなり行って「片づけましょう」と言われれば、だれだって拒否したくなる。また、どのように行動しなければならないかを指示するのではなく、子どもたちが自分たちの生活をどのようにしていけばよいかについて考えられるような生活の流れや周囲の状況を伝えてあげるとよい。さらに、可能であれば「後でも続きができる」という希望的な見通しがもてると遊びに区切りがつけやすくなる。

実習の事前事後学習に 参考にしてほしい書籍

　ここでは、本書で参考にした文献や書籍を中心に、実習の事前事後の学習、保育技術、指導計画などに関する実習の参考になる書籍を紹介しています。ぜひ実習学習の参考にしてください。

　貴重な実習の機会を実りあるものになるよう日ごろから学びを深めましょう。

保育所・幼稚園実習のすべて

小舘静枝・小林育子編著／相川書房／1998

　保育所・幼稚園実習の事前学習、実習中の学習、事後の学習の3部にわたって学習内容を解説しています。とくに実習中の学びについては、縦軸に6つの学習内容を、横軸に時間の経過（実習期間の経過）をおいたマニュアルを作成し、実習の日を追うごとに実習内容が深まるような指標を示しています。

教育・保育実習総論 ＜第3版＞

阿部明子編著／萌文書林／2009

　幼稚園教育実習、保育所実習、施設実習（含む保育実習Ⅰ・Ⅱ）の基本的なあり方が、事務的な準備や手続きも含めてわかりやすく解説されていて、実習の事前準備から事後指導までの全体が理解できる書籍です。実習の実際にかかわる問題と就職についてもふれられています。実習の基本図書です。また、とても読みやすいので、おすすめです。

幼稚園実習　保育所・施設実習

森上史朗・大豆生田啓友編／ミネルヴァ書房／2004

　実習に関する基本事項が、まとめられているので、サブテキストとして使用しても実習理解がいっそう進みます。

幼稚園・保育園・養護　教育実習ハンドブック

菊地明子／明治図書／2004

　具体的事例を示しながら、簡潔にまとめてあるので、実習直前に目を通しておくと、実習でのヒントとなります。実習の不安やトラブルを解消してくれる書です。また、とても読みやすいので、おすすめです。

保育用語辞典 ＜第8版＞

森上史朗・柏女霊峰編／ミネルヴァ書房／2015

　保育の場ではさまざまな用語が用いられています。学生にとって耳慣れない用語や「自由保育」のように使う人によって意味が違う場合もあります。この書では、保育で用いられる用語を適切に解説しています。引く辞書の役割と同時に、引きたい用語の近くにある用語を読みあわせると、保育を総合的に理解できるようになる読む辞書でもあります。

実習保育学

帆足英一監修／日本小児医事出版社／2003

　各年齢の子どもの姿と環境、援助の留意点が説明されています。そのほか、赤ちゃんのケアなど実践的な事柄がわかりやすく書かれているので、実習前にぜひ読んでおきたい本です。

四訂 保育所運営マニュアル

網野武博・迫田圭子編／中央法規／2011

　保育所に関するほとんどすべての情報を伝達しています。保育所制度の枠組みや運営、保育内容、新時代の保育サービスのあり方など保育所の最新の動向を知ることができます。少しレベルが高くなりますので、保育所実習のステップアップに役立ちます。

＜新訂第2版＞ 指導計画案はこうして立てよう

岡本富郎他／萌文書林／2009

　「指導計画案」の立案の考え方と手順について、先輩実習生の立てた実例を通して、わかりやすくていねいに解説した立案の手引き書です。解説のすべてにわたって、実習前に独習できるように、わかりやすく具体的に徹底解説されています。

実習日誌の書き方 ＜第2版＞

相馬和子・中田カヨ子編／萌文書林／2018

実習生のために「実習日誌とはどういうものか」「何をポイントに絞って書くのか」「実習の深まりに応じて書く内容はどのように変化するのか」等ということを実例を活用して具体的に解説しています。良い日誌の例や悪い日誌の例とその修正例が掲載されており、具体的でとても参考になります。

エピソードで学ぶ 乳幼児の発達心理学

岡本依子・菅野幸恵・塚田 - 城みちる／新曜社／2004

子育てや保育の場面で出会う子どもたちの日常の様子がまず例示され、その出来事に関連する発達心理学的なトピックスや学ぶべきポイントが紹介されています。抽象的で発達心理学的な知見を具体例をイメージしながら学ぶことができます。

実践 親子会話術・子育てコーチング

谷口貴彦／エイ出版社／2003

保育にとって子どもへの「声かけ」はとても大切な保育技術となります。毎日の生活のなかでいかに子どもたちの気持ちをくみ、意欲を引き出し、自信をつけていくか、保育の大きなテーマですね。日常流されてしまいがちなこの重要な保育技術＝声かけについて、よりスキルアップさせてくれるヒントがたくさんあると思います。

増田裕子の ミュージックパネルがいっぱい

増田裕子／チャイルド本社／2003

子どもたちの大好きな歌とパネルシアターを組み合わせたミュージックパネルの作品が紹介されています。つくり方、型紙、演じ方がわかりやすく書かれており、実習に生かせます。

楽しく手づくりエプロンシアター

中谷真弓／フレーベル館／1999

エプロンシアターの考案者、中谷真弓の著書です。実習前に手づくり教材として用意しておきたい作品ばかりです。

子育てってなんですか

吉田眞理／新風舎／2004

保育現場でも子育て支援への取り組みが活発に行われるようになっています。「生まれてくる子どもの存在を在るがままに受けとめて家族ごと支えていく」という理念のもとにまとめられています。

困った子どもとのかかわり方

河合伊六／川島書店／2000

保育は日々の実践で成り立っています。また近年、保育の現場や子どもたちの置かれている状況が複雑になり、かかわり方のむずかしい子どもたちもふえています。このような現状で日々の保育の実践力をアップさせるヒントになるテキストです。

子どもたちのライフハザード

瀧井宏臣／岩波書店／2004

現代社会のなかで、子どもたちを取り巻く環境がさまざまな角度から大いに変化してきました。自然環境の減少、生活時間の変化、遊びや人間関係の変化、食生活の乱れ、このような生活破壊＝ライフハザードが今の子どもたちにどのような影響をもたらしているかを紹介したルポルタージュです。

手あそびうた 50 ＜第1〜5集＞

二階堂邦子編／学事出版／1975 〜 1996

乳幼児期の子どもたちが喜びそうな手遊びがたくさん紹介されています。どれも実習で子どもたちと楽しみたいものばかりです。

実習に行くまえに知っておきたい 保育実技

久富陽子編／萌文書林／2002

保育実技のなかで長い間子どもたちに親しまれてきた児童文化財を使ったものを中心に取り上げてあります。児童文化財の魅力、作品の選び方や実際に行うときのポイントを、初めて学ぶ人のためにわかりやすく具体的に解説しています。文化財ごとに年齢別に紹介されており、写真やイラストが多く掲載されているので実習前、とても参考になります。

参考文献一覧

- 厚生労働省『保育所保育指針』フレーベル館、2017
- 文部科学省『幼稚園教育要領』フレーベル館、2017
- 内閣府・文部科学省・厚生労働省『幼保連携型認定こども園教育・保育要領』フレーベル館、2017
- 森上史朗・大豆生田啓友編『幼稚園実習　保育所・施設実習』ミネルヴァ書房、2004
- 菊地明子『幼稚園・保育園・養護　教育実習ハンドブック』明治図書、2004
- 阿部明子編『教育・保育実習総論』萌文書林、2009
- 聖セシリア女子短期大学『実習指導ハンドブック』聖セシリア女子短期大学、2004
- 小舘静枝／小林育子編『改訂 施設実習マニュアル』萌文書林、2006
- 小舘静枝／小林育子編『保育所・幼稚園実習のすべて』相川書房、1998
- 帆足英一監修『実習保育学』日本小児医事出版社、2003
- 柴崎正行／戸田雅美編『教育課程・保育計画総論』ミネルヴァ書房、2001
- 戸田雅美『保育をデザインする』フレーベル館、2004
- 福祉士養成講座編集委員会『児童福祉論』中央法規出版、1999
- 森上史朗／柏女霊峰編『保育用語辞典＜第8版＞』ミネルヴァ書房、2015
- 岡本富郎他『＜新訂第2版＞幼稚園・保育所実習の指導計画案はこうして立てよう』萌文書林、2009
- 相馬和子／中田カヨ子編『実習日誌の書き方』萌文書林、2004
- 久富陽子編『実習に行く前に知っておきたい保育実技』萌文書林、2002
- 石井光恵／萩原敏行『絵本の読み聞かせと活用アイデア56』明治図書、2003
- 西本鶏介『子どもがよろこぶ！　読み聞かせ絵本101冊ガイド』講談社、2003
- 二階堂邦子編『手あそびうた50』（第1〜5集）学事出版、1975〜1996
- 福尾野歩『あそびうた大全集』クレヨンハウス、1991
- 阿部恵『わくわくペープサート』ひかりのくに、2002
- 古宇田亮順／月下和恵『たのしいパネルシアター』大東出版社、1993
- 関稚子著／杉山範子絵『パネルシアターであそぼ』大東出版社、1996
- 小林雅代『保育にいかすパネルシアター』アイ企画、1997
- 増田裕子『増田裕子のミュージックパネルがいっぱい』チャイルド本社、2003
- 増田裕子『増田裕子のミュージックパネル』① ②、クレヨンハウス総合研究所、1991〜1998
- 中谷真弓『楽しいエプロンシアター』アド・グリーン企画出版、1994
- 中谷真弓『お話いっぱいエプロンシアター』小学館、1993
- 中谷真弓『楽しく手づくりエプロンシアター』フレーベル館、1999

著者紹介

（執筆担当）もくじ内に記載

● **小 林 育 子**（こばやしいくこ）

横浜市出身。1974 年より、大和学園女子短期大学（現、聖セシリア女子短期大学）専任教員、学科長として、社会福祉、保育実習等を担当。2004 年、田園調布学園大学教授・副学長を務め、2008 年退職。現在、聖セシリア女子短期大学名誉教授、同大学顧問。社会福祉法人モニカ保育園顧問。

主な著書　『社会福祉』（著、萌文書林）／『施設実習マニュアル』（共著、萌文書林）／『保育・看護・福祉プリマーズ 児童福祉』（共著、ミネルヴァ書房）／『保育所の子育て相談』（共著、萌文書林）／『保育者のための相談援助』（共著、萌文書林）／『保育所運営マニュアル』（共著、中央法規出版）　ほか多数。

● **長 島 和 代**（ながしまかずよ）

1968 年、明治学院大学大学院修了後、大正大学助手、なごみ保育園園長、横浜国際福祉専門学校児童福祉学科長、野川南台保育園園長、小田原女子短期大学教授・学科長、知的障害児通園施設ほうあんふじ園長を経て、現在、豊岡短期大学通信教育部非常勤講師。

主な著書　『施設実習マニュアル』（共著、萌文書林）／『これからの児童福祉』（共著、専門教育出版）／『保育の基本用語』（編著、わかば社）／『保育のマナーと言葉』（編著、わかば社）

● **権 藤 眞 織**（ごんどうまおり）

神戸市出身。関西学院大学大学院博士課程後期課程（心理学）満期退学後、横浜国際福祉専門学校児童福祉学科教員、近畿大学豊岡短期大学こども学科専任講師を経て、現在、神戸親和女子大学発達教育学部児童教育学科で専任講師として勤務。保育原理、保育内容の研究（人間関係）、保育実習指導など担当。

主な著書　『子どもを育む心理学』（共著、保育出版社）

● **小 櫃 智 子**（おびつともこ）

東京都出身。東京家政大学大学院博士課程満期退学後、彰栄幼稚園教諭、彰栄保育福祉専門学校保育科専任講師、目白大学人間学部子ども学科准教授を経て、現在、東京家政大学子ども学部子ども支援学科で准教授として勤務。保育実習指導、保育内容演習（人間関係）、保育内容総論などを担当。

主な著書　『実習日誌の書き方』（共著、萌文書林）／『指導計画の考え方・立て方』（共著、萌文書林）／『保育実習』（共著、ミネルヴァ書房）、『保育記録を活かした保育所児童保育要録の書き方』（共著、チャイルド本社）等

【装丁】　レフ・デザイン工房

幼稚園・保育所・施設　**実習ワーク** —認定こども園対応 改訂版—

2006 年 5 月 20 日　初版第 1 刷発行	著者代表　小 林 育 子
2009 年 2 月 5 日　第 2 版第 1 刷発行	発 行 者　服 部 直 人
2011 年 4 月 1 日　第 2 版第 2 刷発行	発 行 所　㈱萌文書林
2011 年 9 月 1 日　第 3 版第 1 刷発行	
2017 年 4 月 1 日　第 3 版第 7 刷発行	〒 113-0021 東京都文京区本駒込 6-25-6
2018 年 3 月 10 日　第 4 版第 1 刷発行	tel(03)3943-0576 fax(03)3943-0567
2020 年 2 月 4 日　改訂版第 1 刷発行	(URL)http://www.houbun.com
	(e-mail)info@houbun.com
＜検印省略＞	印刷／製本　シナノ印刷（株）

© 2006 Ikuko Kobayashi　Printed in Japan　ISBN 978-4-89347-356-1　C3037